EM UMA GRANDE G

ÇÃO MELHOR, MAS QU R

S GRAVADORAS É SÓ MERDA.”

M DE PROPÓSITO. ISSO SERIA

TE TERIA FEITO ISSO UM ANO E

DE QUE O NOVO DISCO FOSSE

JÁ É.”

UCESSO, EU FICAVA JULGANDO

S NIVELAVA DE ACORDO COM

FICAVA CHATEADO DE VER

NTRETENDO EXATAMENTE AS

EAGIA NA MINHA MÚSICA.”

"NA MAIOR PARTE DO TEMPO, EU COMPONHO MÚSICAS COM BASE EM PEDAÇOS DE POEMAS QUE JUNTO. QUANDO FAÇO POESIA, NÃO É ALGO TEMÁTICO. EU TENHO MUITOS CADERNOS. QUANDO PRECISO ESCREVER UMA LETRA, APENAS ROUBO DOS MEUS POEMAS."

"COURTNEY É MINHA ESPOSA, E AS PESSOAS NÃO CONSEGUEM ACEITAR O FATO DE QUE ESTOU APAIXONADO, DE QUE EU PODERIA SER FELIZ. PORQUE ELA É UMA PESSOA TÃO PODEROSA E AMEAÇADORA, TODOS OS MACHISTAS DA INDÚSTRIA SIMPLESMENTE SE UNIRAM E DECIDIRAM ACABAR CONOSCO."

Belas Letras.

MÚSICA CULTURA POP ESTILO DE VIDA COMIDA
CRIATIVIDADE & IMPACTO SOCIAL

KURT COBAIN

A ÚLTIMA ENTREVISTA e OUTRAS CONVERSAS

Tradução: Fernando Scoczynski Filho

Belas Letras

Título original: Kurt Cobain: The Last Interview and Other Conversations

Este livro é o resultado de um trabalho feito com muito amor, diversão e gente finice pelas seguintes pessoas:

Gustavo Guertler (*publisher*), Germano Weirich (coordenação editorial), Fernando Scoczynski Filho (tradução), Celso Orlandin Jr. (adaptação da capa e do projeto gráfico) e Lucas Mendes Kater (revisão).
Obrigado, amigos.

Editora Belas Letras Ltda.
Rua Visconde de Mauá, 473/301 – Bairro São Pelegrino
CEP 95010-070 – Caxias do Sul – RS
www.belasletras.com.br

Dados Internacionais de Catalogação na Fonte (CIP)
Biblioteca Pública Municipal Dr. Demetrio Niederauer
Caxias do Sul, RS

C951k Cobain, Kurt, 1967-1994
Kurt Cobain: a última entrevista e outras conversas / Kurt Cobain; Dana Spiotta (prefácio); tradutor: Fernando Scoczynski Filho. - Caxias do Sul, RS: Belas Letras, 2024.
144 p.

ISBN: 978-65-5537-309-7 (Brochura)
ISBN: 978-65-5537-337-0 (Capa dura)

1. Rock (Música). 2. Músicos de rock – Entrevistas. I. Spiotta, Dana. II. Scoczynski Filho, Fernando. III. Título.

23/60 CDU 784.4(73)

Catalogação elaborada por Vanessa Pinent, CRB-10/1297

SUMÁRIO

Introdução

Dana Spiotta

Uma das funções dos jovens é opor-se aos fracassos da última geração. É possível notar uma série peculiar de preocupações, desde Holden Caulfield em 1951 até o Nirvana em 1991: impostores, conformistas, o establishment, as autoridades, o popular, yuppies, cultura corporativa e gente falsa, careta e vendida. As preocupações podem ser resumidas a um ideal de autenticidade, onde o pior pecado é, possivelmente, a hipocrisia. O capitalismo sempre absorveu e se apropriou da discórdia e da resistência, e é por isso que elas precisam constantemente se reinventar na subcultura. A versão desses elementos que era exibida por Kurt Cobain e pelo Nirvana nos anos 1990 estava em seu possível ápice. Também estava no momento em que as tensões inerentes a essas preocupações se tornaram insustentáveis. Após aquela época, novas críticas precisariam ser concebidas de uma forma diferente.

Cobain, assim como os outros jovens que cresceram após a Guerra do Vietnã, após o caso Watergate e após a contracultura, absorveu uma postura blasé. Uma obsessão pela ironia coexistia com uma obsessão pela autenticidade. A sátira se tornou onipresente: a revista *Mad* (cheia de paródias de filmes de sucesso e comerciais televisivos, dentre outros) e o programa *Saturday Night Live*, que, em 1975, seu primeiro ano, trouxe Jerry Rubin, o Yippie, em um comercial falso vendendo papel de parede com slogans hippies e contra o establishment. A piada era que Jerry Rubin tinha se vendido, e o fato de ele saber disso tornava a transição aceitável, mas o tom cínico demonstrava alguém que estava se entregando. Aquela versão da esquerda parecia ter desistido. E, de fato, Reagan e Thatcher estavam chegando.

O punk rock ofereceu uma recusa gigante àquele cinismo, enquanto ainda se mascarava com ironia. Em 1977, os Sex Pistols lançaram o single "God Save the Queen", cujo título não poderia ser mais irônico. Johnny Rotten famosamente zoava a plateia ao perguntar: "Sabe quando parece que alguém está te enganando?". O tom garantia que a piada era complexa: os Pistols estavam enganando a plateia porque ousadamente se recusavam a agradar qualquer pessoa, mas também havia o fato de que a cultura havia trapaceado todos eles e os deixado com uma espécie de niilismo. Havia muita saliva voando: cuspidas na banda, e cuspidas de volta para a plateia. Conforme o punk se desenvolveu, ele manteve sua recusa niilista, mas também passou a ter um lado mais igualitário. Lester Bangs escreveu sobre como o Clash convidava seus fãs a compartilhar seu quarto de hotel com a banda. Eles não eram deuses do rock, não tocavam em arenas enormes, eram apenas uma banda de garagem. Ser virtuoso com seu instrumento não era um objetivo – o que importava era ser politicamente virtuoso. E foi essa vertente da pureza punk que continuou nos anos 1980, como uma forma de ir contra a cultura corporativa materialista dos anos Reagan.

Sempre houve armadilhas nesse fervor jovial em busca da autenticidade: primeiro, como identificar a autenticidade; depois, quão facilmente os sinais de autenticidade podiam se transformar em mais uma pose, cheia de clichês (a principal marca da falsidade). Nestas entrevistas, que se iniciam em 1990, um ano antes de o Nirvana ficar famoso, e se encerram dois meses antes de Kurt Cobain morrer, em 1994, o cantor demonstra que tinha internalizado o punk rock dos anos 1980 no "underground" independente / alternativo, e o vemos tendo dificuldade em se manter fiel à sua ética punk rock. Mas era impossível: seria necessário ter a ironia e a ambivalência de não se importar, de admitir sua cumplicidade no sistema. Ele precisaria ser como Calvin Johnson, talvez, um músico pouco conhecido, porém respeitado. Talvez Kurt Cobain fosse a última pessoa a acreditar no punk, e ele se cansou de gastar tempo com essa tensão. Além disso, não seria pseudoartístico e elitista querer se manter desconhecido? O punk não deveria ser da elite (e esse é o problema de uma subcultura que é frequentemente definida por aquilo que ela não é).

Uma das minhas vertentes favoritas da ética punk veio, possivelmente, dos Stooges e foi continuada pelos Replacements: o orgulho de ser um perdedor. Era uma forma malandra de ser anticapitalista, de resistir ao culto à avareza e ao sucesso material e imoral que existia nos anos 1980. Isso ficou ilustrado na famosa camiseta da Sub Pop que dizia "*LOSER*" ("PERDEDOR") em caixa-alta, e a ideia se estendeu com o sucesso que Beck lançou em 1994, "Loser". Podemos ouvir essa autodepreciação quando Cobain diz que o Nirvana é "preguiçoso" e "analfabeto" e que seus integrantes perderiam em uma discussão sobre qualquer assunto porque eles "usaram ácido demais e fumaram maconha demais". Essa autodepreciação é uma forma de libertação e subversão – os jovens que sofriam bullying se apropriando das palavras que foram usadas contra eles. Mas também é uma pose, de certa forma, como se eles não quisessem ser pegos se importando demais com alguma coisa. Você não pode criticar minhas músicas porque eu já disse que sou ruim e não sei tocar. Assim como todas as outras vertentes, é um assunto complicado. Kurt Cobain não estudou música ou literatura, mas ele era bom. Ele tinha orgulho de seus álbuns, mesmo que não tivesse orgulho de mais nada.

Mas sua humildade também era verdadeira. Após o divórcio traumático de seus pais ("*That legendary divorce is such a bore*", "O famoso divórcio é um tédio", ele cantou em "Serve the Servants"), ele teve uma vida itinerante, chegando até a morar em seu carro. Ele largou a escola durante o ensino médio, trabalhou como zelador, mas passou a maior parte do tempo desempregado. O negócio que o salvou, o lugar onde ele começou e terminou, foi a música. Ele começou com uma dedicação total a compor músicas, tocar guitarra e se apresentar ao vivo. E ele sabia como queria que a música soasse. Ele queria que fosse como a música que ele amava: crua e pesada, mas com uma pegada pop e letras que você poderia ouvir diversas vezes e ainda achar algo esquisito ou interessante nelas. Tão parecido com os Beatles quanto com o Black Flag – uma combinação que acabou sendo bem interessante e popular. O problema era o que o mundo fazia com a música, com o ato de vender música e com a divulgação da música. No fim das contas, em suas entrevistas, ainda dava para ver ele tentando entender essa parte do negócio. Ele não queria uma "imagem". E, assim como em suas letras, ele exibia sarcasmo e ambivalência enquanto também expunha o quanto se importava (muito) com todos os detalhes, o tempo todo. Essa prática funcionava em suas músicas, mas era mais difícil de se aplicar em sua vida. Nas entrevistas, ele frequentemente mentia ou ocultava fatos ao mesmo tempo em que era compulsivamente honesto e vulnerável, uma pessoa sofrendo e que continuava abrindo seu coração, mesmo quando se sentia traído pela imprensa e incomodado com seus fãs.

Ele continuou a conceder entrevistas, mesmo após o infame artigo da *Vanity Fair* que expôs seu relacionamento com Courtney Love de forma cruel e hostil. Ele ficou receoso, na defensiva, bravo, mas ainda acreditava, pelo menos um pouco, que conseguiria superar aquilo e recuperar o controle. Ele discorria intensamente sobre suas reclamações. Por que ele não se afastou de tudo aquilo, não se isolou? Ele devia ter um desejo profundo de ser compreendido. Ele devia acreditar que podia ser compreendido. Ele não conseguia ser indiferente ou ambivalente, por mais que dissesse ser.

Ele negava que tinha ambição, mas, logo em seguida, admitia ter. Ele queria gravar discos e ter um público. Ele só queria fazer do seu jeito, como seus heróis punk. A princípio, suas exigências o levariam a assinar um contrato com um selo independente, ao invés de uma grande gravadora. Mas isso parecia insustentável. Os integrantes do Nirvana não eram garotos mimados da classe média tocando em garagens do subúrbio. Eles nem chegaram perto de se sustentar financeiramente enquanto estavam com a Sub Pop. E a distribuição de sua música (uma preocupação que se tornou vintage) era uma porcaria. O Nirvana achava que eles poderiam se manter fiéis a sua visão enquanto recebiam as vantagens de estar com uma grande gravadora. Deu certo para o Sonic Youth, que também assinou um contrato com a Geffen Records e atingiu um nível de sucesso que ainda mantinha sua respeitabilidade independente, mas o Nirvana instantaneamente se tornou uma superestrela internacional, vendendo milhões de discos, e era difícil conciliar isso com a pureza do punk rock. O Nirvana reclamava da MTV, mas queria usar a MTV na mesma medida que a MTV os usava. Eles reclamavam de tocar em grandes estádios (rock para plateias enormes, eca) e da falta de intimidade e conexão com o público nesses locais. Mas seu público tinha se tornado grande demais. E quem, exatamente, estava nesse público? Os mesmos jovens que costumavam praticar bullying com eles no ensino médio. Cobain tendia a alternar sua opinião quando falava sobre esse novo público: a princípio, dizia que não eram fãs de verdade, que o assustavam; depois, ele tentou controlá-los. Após o sucesso imenso de *Nevermind*, ele até escreveu o seguinte texto para o encarte de *Incesticide*:

> Se algum de vocês tem qualquer tipo de ódio por homossexuais, pessoas com uma pele diferente da sua, ou mulheres, por favor – nos deixe em paz, porra! Não vá aos nossos shows e não compre nossos discos.

E isso demonstra o que talvez fosse o aspecto mais interessante, persistente e inovador na ética punk de Kurt Cobain. Ele realmente não estava disposto a ser mais um deus do rock, não iria explorar mulheres, não faria apologia aos clichês da masculinidade rock and roll. Ele era um garoto branco de uma cidade pequena, mas não era um estereótipo, nem racista, machista ou homofóbico. Sua sensibilidade era gay, conforme ele declarou, e gostava de mulheres fortes e inteligentes. Ele era frágil e sentia dor constante, e admitia isso. Ele estava comprometido em seu casamento e não saía com modelos. Ele gostava de ser pai. Isso até se estendia à sua aparência, ou à forma como se apresentava. Assim como Johnny Rotten, Cobain tinha muito estilo, mas isso vinha de suas próprias contradições. Ele era muito bonito, mas não penteava o cabelo e usava suéteres de avô. Ele usava vestidos – não vestidos glamorosos e feitos para homens, como os que Bowie usava, mas vestidos usados de brechó. E ele também usava uma camisola hospitalar (a sua própria, e devemos admitir que isso é bem punk). Então seu estilo veio de sua vulnerabilidade, de se expor por completo, figurativamente nu. Uma vez, ele usou uma camiseta na capa da *Rolling Stone* com os dizeres "*CORPORATE MAGAZINES STILL SUCK*" ["REVISTAS CORPORATIVAS AINDA SÃO UMA PORCARIA"]. (Isso o exime? Não exatamente. A autorreflexão pode mesmo ser uma saída viável? É melhor do que nada.) Ele também usou suas camisetas para divulgar artistas menos conhecidos. Como se ele estivesse dizendo, "se vocês vão ficar me encarando, pelo menos vou usar esse espaço para o bem". Ele usava uma camiseta do Daniel Johnston e, no *MTV Unplugged*, usou uma da banda proto-riot grrrl Frightwig. Assim como o REM fez antes deles, o Nirvana usava sua fama para promover outros artistas enquanto dava crédito a suas influências (e provava sua própria credibilidade). Apesar de a MTV querer sucessos grunge e participações especiais de integrantes do Pearl Jam no disco acústico do grupo, Cobain insistiu em tocar três músicas dos Meat Puppets e convidá-los para se apresentar com o Nirvana no show. Ele também cantou músicas que ele conhecia dos Vaselines e de Lead Belly, e ainda apresentou uma versão de uma música que era (até então) uma das menos conhecidas de Bowie. Dava para ouvir a dedicação em sua voz: com o coração exposto, partido e pulsante. Ele tentou aceitar suas contradições *vis-à-vis* MTV, entrevistas e seus fãs. "*Come as you are, as you were, as I want you to be*" ["Venha como você é, como foi, como eu quero que seja"]. Em sua última entrevista, ele disse: "Tenho algumas horas para tentar subverter a forma como eles veem o mundo". Essas tensões nunca são totalmente resolvidas. É necessário viver com elas. Ou passar por elas.

Nos anos 2020, o punk pode ser visto como apenas mais uma estética "retrô", como o glam ou o gótico. Uma pose no meio de outras tantas, uma expressão mais voltada à sensibilidade que à ética. E, é claro, espera-se que os artistas prestem ainda mais atenção à imagem, ao marketing e à divulgação. A noção eternamente contraditória de autenticidade não é apenas antiquada, mas frequentemente ilegível. Vender muitos discos / livros / ingressos é um sinal de qualidade, e não há problema em fazer comerciais, considerar-se uma marca, fazer filmes da Marvel, etc., porque você precisa alcançar as pessoas neste mundo barulhento, e você precisa garantir seu sustento se quer continuar sendo um criador de conteúdo. E há algo revigorante na falta de pretensão que surge ao se tornar um produto (não apenas a sua obra, mas você, o criador). A resistência e a subcultura não precisam mais ser obscuros porque há outros valores além do senso de individualismo: comunidades virtuais com alcance horizontal que não precisam ser aprovadas pelos guardiões da cultura de massa para serem viáveis. Existe a possibilidade de um nível de acesso verdadeiramente igualitário, algo subversivo e anticorporativo. Você pode tirar o "sub" da subcultura, ou então, pode dizer que tudo é subcultura, que não há mainstream contra o qual se rebelar. Talvez haja apenas *streams*: transmissões de músicas, de filmes e, de alguma forma, para algumas pessoas, de dinheiro. É melhor ser um artista agora, ou era melhor ficar preso nos 120 minutos que a MTV dedicava no fim da noite para a música "alternativa"? Temo que a resposta seja que nunca é um bom momento para ser um artista. Mas temos aqui o Kurt Cobain dos anos 1990 para te dizer que havia algo valioso sendo disputado na luta para viver dentro daquelas tensões e contradições inerentes à arte.

"EU PENSO NO ROCK AND ROLL COMO MATEMÁTICA"

ENTREVISTA REALIZADA POR BOB GULLA

CD NOW

18 de abril de 1990

BOB GULLA: Então, qual é o seu objetivo com a banda?

KURT COBAIN: Compor músicas muito boas, compor as melhores músicas possíveis. Isso vem antes de todo o resto; antes da filosofia, da imagem ou de tocar ao vivo. Sempre foi o principal. Apenas músicas. Como um grupo, chegamos muito mais perto de onde queremos estar como colaboradores.

GULLA: E a atitude, ela é importante?

KRIST NOVOSELIC[1]: Atitude? Somos bem tranquilos.

GULLA: Kurt, você escreve a maioria das letras...

COBAIN: Sim, mas eu não sei do que elas tratam. É um negócio mais preguiçoso, sabe? Não nos damos ao trabalho de manter uma imagem. Certamente temos nossas opiniões – mas somos analfabetos demais para conseguir provar o que queremos dizer. Usamos ácido demais e fumamos maconha demais para guardar informação no nosso cérebro. Então, se começássemos a discutir com alguém sobre qualquer assunto, perderíamos.

1 Baixista do Nirvana, amigo de Cobain desde o ensino médio.

GULLA: Vocês cresceram juntos?

COBAIN: Krist e eu crescemos na mesma cidade – acho que dá para dizer "crescemos". Passamos o fim da nossa adolescência juntos em Aberdeen, Washington, um lugar bem isolado, a 160 quilômetros de Seattle. Seattle já é considerada isolada, mas Aberdeen é isolada mesmo.

GULLA: E o que aconteceu com Jason Everman, seu primeiro guitarrista?

COBAIN: Ele teve um caso com o pai do Krist, então achamos que seria melhor expulsá-lo da banda. Sim, a banda virou uma novela, então decidimos que precisávamos erradicar a fonte de todos aqueles problemas.

GULLA: Eu acredito em quase qualquer coisa – mas devo acreditar nisso?

COBAIN: Você não precisa acreditar, mas pode escrever se quiser. O pai do Krist é um iugoslavo musculoso. Uma vez ele disse ao Krist que deveríamos trocar nossas guitarras por pás. Ele é um cara divertido. Com Jason, [na] última turnê, dirigimos de Nova York até nossas casas, tipo umas 50 horas, e ninguém disse uma palavra durante toda a viagem. As músicas que criávamos com ele na banda não nos satisfaziam. Ele estava nos atrasando. Ele gosta de um estilo de grunge mais lento e pesado. Agora, ele está no Soundgarden, e não poderia ter sido um resultado melhor. Não foi culpa dele; só não entendíamos o gosto dele.

GULLA: Vocês gostam de fazer turnês?

COBAIN: Eu não estava animado para fazer turnê, mas estou me divertindo. Você precisa se preparar psicologicamente. Passamos muito tempo dirigindo, às vezes doze ou treze horas, como se um agente jogasse um dardo no mapa para decidir onde tocaríamos. Mas podemos dormir até tarde e não vamos a uma passagem de som se não estivermos a fim. É isso que escolhemos fazer, e sempre consideramos o rock and roll uma coisa meio relaxada. Não vale a pena se desgastar muito com isso. Só queremos nos divertir, compor músicas e tocar. Não estamos tentando chegar ao topo, nem ser populares. Estamos totalmente confortáveis com o nível em que estamos agora. Seria legal subir um pouco mais, para conseguirmos garantir o dinheiro do aluguel todo mês. Quero dizer, só queremos que as pessoas gostem da nossa música. Não queremos um acordo de divulgação multimilionário para levar nosso som a todas as escolas do país, nos transformando em bonecos de papel multimilionários.

GULLA: Se alguém chegasse para vocês e dissesse, "Se vocês trabalharem mais, te deixaremos ricos", como você reagiria a isso?

COBAIN: Teríamos que poder decidir tudo. Iríamos escolher nosso próprio produtor e fazer o disco do nosso jeito. Tipo o Butch Vig. Ele é o cara. Minha ideia de um produtor excelente é alguém que consiga pegar uma ideia da cabeça de alguém e achar a melhor forma de gravá-la em uma música, sem interferência. O mesmo vale para a divulgação. Você precisa de alguém que apresente a imagem com a qual você se sente confortável. Recebemos algumas ofertas de grandes gravadoras. Elas ligaram para a Sub Pop, nossa gravadora, e pediram para falar conosco sobre fazer uma oferta, e a Sub Pop mandou elas à merda. Não ligamos para isso.

GULLA: O que acontece se todas as melhores bandas indie forem engolidas pelas grandes gravadoras?

COBAIN: Ponto para o capitalismo. Vamos pegar nossas cartolas, nossos fraques e fumar um charuto. A música alternativa não é mais alternativa quando vira mainstream.

NOVOSELIC: Alguma coisa esquisita vai acontecer, alguma onda, tipo, as bandas vão usar roupas compridas e folgadas, tocar xilofones e fazer coro – e vai ser muito popular, e o rock and roll vai desaparecer por completo... Algum tipo de música industrial de kazoo. O rock já completou seu ciclo, e chegou a hora de ele se redefinir ou morrer.

COBAIN: Toda banda desde meados dos anos 1980 surgiu como algum tipo de *revival*. É um sinal garantido de que o rock está morrendo lentamente. Não há nada como ficar preso no passado quando tudo no futuro está olhando para trás. Isso acontece com todas as artes. Quando estão com medo do que está adiante, sempre olham para trás. Chegam a um certo patamar e acham que tudo já foi feito, mas, na verdade, apenas não estão pensando o suficiente. Só estão estagnados. No entanto, se todo mundo desistir, é aí que as coisas começam a morrer.

GULLA: Você se preocupa que talvez não exista público o suficiente para ouvir música alternativa? Ou sua música?

COBAIN: Isso pode ser um ciclo... Não sei quem são nossos fãs. A maioria são como nós, ao que parece, uma mistura de brancos pobres e punks que, pelo menos, gostam das artes, mas que talvez não sejam... Espero que não sejam os típicos headbangers fãs de thrash metal que não têm ideia do que estamos tentando fazer... Tinha uns estudantes do tipo atleta em alguns dos nossos últimos shows, e eles gostaram bastante. Isso me assusta.

NOVOSELIC: Hoje à noite, seremos uma banda louca de funk-rap-metal. Vou subir ao palco com uma camisa havaiana e um daqueles bonés de baseball com suportes para latas de cerveja, com os canudos na minha boca. Vai ser doido. Vamos tocar "Louie Louie", "Gloria"...

COBAIN: Eu não sei. Eu penso no rock and roll como matemática. Há um limite para o que você pode fazer após um certo tempo, até alguém inventar uma abordagem completamente nova. Quero dizer, estamos trabalhando com um ritmo 4/4, o típico do rock, e há um número limitado de notas na guitarra.

GULLA: Há muitos artigos sobre como as bandas odeiam ser rotuladas. Vocês se sentem da mesma forma?

COBAIN: Eu não li muitos artigos que tentassem fazer isso com a gente. Eu vejo o Soundgarden ser comparado ao Led Zeppelin com tanta frequência que eu penso, por que se dar ao trabalho? É uma pena. Alguém escreveu um artigo se referindo a nós como "Lynyrd Skynyrd sem as calças boca de sino". Achei isso engraçado – bem longe da realidade, mas ainda engraçado. [*Uma garçonete serve a comida. A banda recebeu 40 dólares para comer em um restaurante de preço mediano em Cambridge. Chad Channing*[2] *pediu um calzone.*]

COBAIN: O que é isso? Uma pizza dobrada?

2 Channing foi o primeiro baterista da banda. Ele foi substituído em setembro de 1990 por Dave Grohl.

CHAD CHANNING: É massa assada com um monte de coisa dentro.

NOVOSELIC: Vamos lá, Kurt, coma.

COBAIN: Eu nem estou com fome. Não estou mesmo, não fico com fome antes de um show. Senão eu acabo passando mal.

GULLA: Então, que significado o dinheiro tem para vocês?

COBAIN: Nos importamos com pagar nosso aluguel. Você sabe como é. Quase tudo que ganhamos acaba sendo investido de volta na banda. Se não abusássemos tanto do nosso equipamento, talvez conseguíssemos economizar um pouco. Eu só pago US$ 170 por mês, mas não deveria dizer isso porque agora todo mundo vai querer se mudar para Seattle. Não vamos trabalhar neste verão, então podemos passar mais tempo em casa, fazendo mais umas músicas. A última turnê que fizemos na Europa foi tão ruim. Não vamos voltar lá, a não ser que nos garantam algumas coisas. Trabalhamos todo dia, por sete semanas sem parar, e ainda não recebemos um centavo. Além disso, passamos fome; nosso orçamento era para apenas uma refeição por dia.

GULLA: Vocês leem bastante na estrada?

COBAIN: Eu fico cansado de ler prosa muito descritiva, então recentemente comecei a ler tudo o que Charles

Bukowski escreveu. Minha namorada está tentando me convencer a ler Jim Thompson.

NOVOSELIC: Minha esposa e a namorada dele são melhores amigas. Elas trabalham juntas na cafeteria da Boeing. Dá um dinheiro bom, cara.

GULLA: O que vocês têm ouvido?

COBAIN: Qualquer coisa que não seja grunge. Nós escutamos Tad, amamos tudo da Sub Pop. Mudhoney é minha banda favorita. The Fluid, Beat Happening, Young Marble Giants, os Pixies, Lead Belly, John Fahey, Leo Kottke, um pouco de bluegrass, coisas do Oriente Médio...

GULLA: Vocês estão se cansando do crescimento da população em Seattle?

COBAIN: Sabe o que eu quero ver? Eu quero ver uma depressão completa. Pura dureza, cara. Desespero. Sabe por quê? As pessoas precisam colocar os pés de volta no chão. Estão tão distraídas com coisas materiais.

NOVOSELIC: Elas dizem: "Consigo pagar a parcela do meu carro, consigo pagar a parcela da minha TV, consigo morar em um lugar bom. Na verdade, acabei de redecorar minha sala, e estou pagando por isso, então acho que as coisas estão bem. Estou feliz, e é isso que me importa". Mas é tudo lixo, só lixo. Então, se chegarmos a uma depressão, isso ajudará as pessoas a descobrir quais são os seus problemas de verdade, e elas verão que precisam cuidar uns dos outros, ao invés de apunhalar alguém nas costas para progredir.

GULLA: Eu sabia que vocês tinham atitude – só demorou um pouco para aparecer.

COBAIN: Não deveríamos estar falando coisas assim. É meio niilista; as pessoas vão começar a nos odiar.

GULLA: Qual é a melhor parte de estar na estrada?

COBAIN: Comprar discos... Lojas de discos usados, para achar discos obscuros de música infantil e discos antigos de blues. Eu também não acredito na revolução do CD. Eu gosto dos discos de vinil, mas não consigo explicar o porquê. Sei que parece bobeira, mas a música é meio que sagrada para mim. Você deve cuidar dela. Se você risca o disco, ferrou, agora precisa comprar outro. Você estragou algo; se você gosta mesmo da banda, vai ter que comprar de novo. Eu ainda não tenho uma máquina de CD, mas algumas pessoas me deram alguns CDs de graça, então tenho que lidar com isso, pelo menos. E eles vendem bem. É meio que uma situação sem esperança.

NOVOSELIC: Não dá para fazer nada a respeito de nada. [*Risos*]

CHANNING: Nada pode ser feito, então eu nem penso em tentar. Não penso nos problemas do mundo. Não há como revertê-los, então nem me dou ao trabalho de tentar.

GULLA: Então o que merece a sua atenção?

CHANNING: Diversão. É só o que eu faço. Sou um cara normal. Qualquer coisa que traga felicidade... Não é da minha conta o que os outros querem fazer.

COBAIN: É uma atitude melhor do que a que Krist e eu temos. Nós assistimos ao noticiário e ficamos putos com o que vemos, aí começamos a falar mal de algo por dias. Eu geralmente fico intimidado com gente que tenta empurrar suas opiniões para mim. Se eu vou a um posto de gasolina na estrada, as pessoas riem de mim, ou me chamam de "bicha", "hippie", ou fazem algum estereótipo instantâneo. Eu sou sensível demais com essas coisas para apenas ignorar. Me incomoda muito. Não o suficiente para me fazer ficar em casa o tempo todo. Quando eu era criança, achava que tudo era ótimo. Eu estava tão animado para crescer. Mas aí, na sexta série, eu percebi: "Nossa, minha vida inteira é ruim. Todo mundo que eu conheço é babaca".

GULLA: Pelo menos você tem sua música agora. Como é o som das músicas novas?

COBAIN: Algumas músicas parecem o material antigo, do *Bleach*. Algumas músicas novas são tão calmas que provavelmente perderemos metade do nosso público. Bem, talvez. Esperamos que, se eles amarem música, eles gostarão; se for bom, é bom, certo? Mas tem umas duas músicas acústicas, ao estilo Leonard Cohen – músicas simples, silenciosas e maníaco-depressivas. Certamente não são comerciais. Algumas das músicas pesadas são mais cruas que as do último disco. Será uma mistura de sons. Estou muito feliz com o que temos. Temos que fazer uma reunião com o povo da gravadora, fazê-los trabalharem, conseguir uma divulgação melhor.

GULLA: O que vocês farão depois do rock and roll?

COBAIN: Espero ter dinheiro suficiente para comprar uma casa na floresta. Se não, pode me prender, porque não dá para saber o que vai acontecer.

ENTREVISTA PARA A SMITH COLLEGE RADIO

ENTREVISTA REALIZADA POR
LAURA BEGLEY E ANNE FILSON

WOZQ
27 de abril de 1990

WOZQ: O que está acontecendo hoje à noite? Não te deixam fazer a passagem de som?

COBAIN: Organização ruim, como sempre.

WOZQ: Isso acontece muito com vocês?

COBAIN: Sim. Ver organização ruim em um evento tão pequeno me faz perceber por que o mundo está uma merda.

WOZQ: Você acha que, se estivessem tocando em lugares maiores, as pessoas seriam mais organizadas?

COBAIN: Não.

WOZQ: Vocês são conhecidos, na verdade, como uma "banda Sub Pop". O que vocês acham disso?

COBAIN: Bem, quando alguém vem até mim e diz, "Vocês são minha banda favorita da Sub Pop", eu penso, "Nossa, somos sua favorita no meio de cinco bandas? E o resto do país?". Não sei. Isso me assusta. Eu imagino se a pessoa gosta de nós porque somos uma banda Sub Pop ou porque somos nós mesmos.

WOZQ: O que você acha das outras bandas Sub Pop?

COBAIN: Eu as amo. Eu não preciso dizer, "Ah, nosso selo é ótimo. Temos bandas boas". Eu gosto mesmo das bandas da gravadora. Não é porque Jon e Bruce [que administram a Sub Pop] são gênios do marketing. É porque eles têm bandas boas no selo. Eles divulgam bem.

WOZQ: Eu ouvi dizer que eles se inspiraram no Motown para criar o selo – a ideia regional, pegando várias bandas da mesma região e as divulgando como um pacote.

COBAIN: Não é como se eles fizessem um pacote com todas essas bandas e nos dissessem para sair e tocar guitarra com fuzz...

WOZQ: Vocês influenciaram uns aos outros.

COBAIN: Acho que não, porque a maioria das bandas já existe há algum tempo. Elas não começaram na mesma época. Acho que toda banda de Seattle é influenciada pelo punk rock, só isso. Sempre houve uma cena punk rock boa e forte em Seattle. Então isso já está assim há algum tempo.

WOZQ: Então, há quanto tempo a sua banda está tocando?

COBAIN: Uns três anos.

WOZQ: [A Sub Pop] não começou com o Mudhoney?

COBAIN: Mudhoney não foi a primeira banda a lançar um disco lá. Eles apenas se tornaram os mais populares porque fizeram uma turnê com o Sonic Youth e ganharam muita exposição.

WOZQ: Vocês também foram uma das primeiras bandas do selo [Sub Pop]?

COBAIN: Sim. Na verdade, começamos a tocar antes do Mudhoney.

WOZQ: Vocês estão juntos desde antes de a Sub Pop começar.

COBAIN: Por volta dessa época, quando ela estava apenas começando, quando lançaram o EP do Soundgarden. Quero dizer, certamente não impactamos ninguém em Seattle, porque éramos totalmente desconhecidos. Fizemos alguns shows, mas não levamos muito a sério. Apenas decidimos gravar uma demo. Nem sabíamos que a Sub Pop existia quando gravamos a demo.

WOZQ: Alguma gravadora grande já demonstrou interesse?

COBAIN: Não temos interesse algum em uma grande gravadora. Seria legal ter uma distribuição melhor, mas qualquer coisa além disso nas grandes gravadoras é só merda.

WOZQ: O Nirvana tem um outro disco saindo em breve?

COBAIN: Em setembro de 1990.

WOZQ: Ele já foi gravado?

COBAIN: Gravamos sete músicas com Butch Vig, um produtor que gravou o Killdozer e um monte de bandas do selo Amphetamine Reptile. Ele é um cara muito legal.

WOZQ: Como você acha que será o som desse disco?

COBAIN: Bem, ele não soa muito diferente, na verdade. Nós gravamos sete músicas. Cinco delas têm o som tipicamente pesado e ousado do Nirvana, com ainda mais guitarra, e duas são maníaco-depressivas. Então, é um tanto variado.

WOZQ: As músicas lentas obrigatórias...

COBAIN: A música reggae obrigatória...

WOZQ: Alguma cover no disco?

COBAIN: Não sabemos. Gravamos uma música do Velvet Underground. As músicas terão um som mais pop.

WOZQ: Estão tentando ir para a rádio?

COBAIN: Não, de maneira alguma. Isso não tem nada a ver. Eu gosto de música pop.

WOZQ: Vocês gostam de fazer covers?

COBAIN: Nós erramos com "Love Buzz" [no primeiro LP do Nirvana, *Bleach*], porque é nossa melhor música, na minha opinião. Não há nada pior do que uma banda fazendo uma cover melhor que a original. Basicamente, pegamos a estrutura – a linha de baixo – e reescrevemos a música. Nós a simplificamos.

WOZQ: Eu achei essa música um pouco diferente do restante do álbum.

COBAIN: É um pop muito mais simples.

WOZQ: Então, vocês já tocaram aqui no oeste de Massachusetts antes?

COBAIN: Eu não sei. Sei que estou aqui agora. Eu não tive tempo de andar por aí. Sabe, não temos tempo de passear pelas cidades. O que mais vemos é a estrada.

WOZQ: Em que cidades vocês gostam de tocar?

COBAIN: Posso te contar em que cidades eu *não gosto* de tocar. Não, falando sério. As cidades que eu gosto: São Francisco. Ann Arbor é um lugar muito legal. As pessoas são animadas. São organizadas.

WOZQ: Vocês têm atraído um público maior desde que o disco foi lançado?

COBAIN: Depende da cidade. Em alguns lugares, somos populares. Em outros, ninguém ouviu falar de nós. É estranho. Não temos muita divulgação. Provavelmente consigo contar nos dedos de uma mão quantas entrevistas já fizemos.

WOZQ: Você acha que vale a pena só tocar, mesmo que não tenha um público grande? Você ainda gosta disso?

COBAIN: Claro. Eu gosto de tocar só por tocar. Mas não por sete semanas seguidas. Tocar exatamente as mesmas músicas toda noite é tão chato quanto trabalhar na construção civil. Você enjoa.

WOZQ: Vocês não variam o setlist?

COBAIN: Não temos músicas suficientes. Nós tiramos cinco músicas [do *Bleach*] do setlist uma semana após as gravarmos. Não as tocamos mais, porque são chatas. É o mesmo setlist. Diversão, diversão, diversão. Mas na Europa somos mais populares que café da manhã, em um nível underground.

WOZQ: É como aquela vez em que o Dino[saur] Jr. foi à Europa. Eles atraíram muita gente.

COBAIN: O Dino Jr. é grande por lá. Eles aceitam as bandas underground lá.

WOZQ: Então, como foi essa história com o Jason Everman [ex-guitarrista do Nirvana, agora no Soundgarden] no verão passado?

COBAIN: Nós o expulsamos porque ele não gostava de fazer as músicas que nós gostamos. Ele quer tocar grunge pesado e lento, e nós queremos fazer músicas pop.

WOZQ: Vocês estão enjoando um pouco de ouvir o som grunge?

COBAIN: Sim. Há um limite para a distorção. Muitas bandas atuais estão indo em direções diferentes e compondo estilos diferentes de músicas. Todo mundo está experimentando. Não queremos ficar com esse som até não dar mais. O Fluid também gravou com Butch Vig em Madison. O Tad gravou com Steve Albini em Chicago.

WOZQ: O Nirvana passou por mais alguma alteração em sua formação?

COBAIN: Não. Foi só uma, e Jason não tocou no disco. Ele entrou na banda uma semana após gravarmos. Mas colocamos seu nome no disco mesmo assim.

WOZQ: Ele é de Seattle?

COBAIN: Sim. Ele é um cara bem legal. Nós o conhecemos uns dois meses antes de gravarmos o disco, e gostamos muito dele, começamos a passar um tempo com ele. Achei que talvez eu gostaria de cantar um pouco mais e não queria me preocupar tanto com tocar guitarra. Não foi uma ideia muito boa. Precisávamos ensaiar mais.

WOZQ: Há muitas bandas com apenas três integrantes.

COBAIN: É meio difícil. Mas [um quarto integrante] pode ajudar muito. Seria mais fácil apenas ficar lá cantando.

WOZQ: Vocês se coordenam para pular juntos no palco?

COBAIN: Sim. Fazemos coreografia. Tem fitas marcando os pontos certos no palco.

WOZQ: Sabe, eu achava que todos vocês tinham cabelo comprido. Na última vez que vi vocês, eu podia jurar que tinham cabelo comprido.

COBAIN: Sim. O cabelo cresce, aí você o corta. Kris acabou de raspar sua sobrancelha e seu corpo. Todos nós tivemos que o impedir.

WOZQ: Na primeira vez que o vi, achei que fosse um dos seguranças.

COBAIN: Um nazista. Sim, ele gosta muito de Minor Threat. Ele ouviu a banda pela primeira vez ontem. E ele mesmo está questionando isso.

WOZQ: Nós vimos o Fugazi duas semanas atrás. Eles tocaram aqui – um show beneficente para um abrigo feminino em Northampton. Vocês participam de algum movimento político ou ativista?

COBAIN: Não concordamos com nada disso.

WOZQ: Como vocês passaram o Dia da Terra?

COBAIN: Juntamos a maior quantidade possível de garrafas e itens de poliestireno e fizemos uma fogueira enorme.

WOZQ: Vocês reciclam enquanto estão em turnê?

COBAIN: Certamente. Jogamos tudo pela janela. Na verdade, nós reciclamos quando estamos em casa. Acho que deveria haver leis de reciclagem obrigatória.

WOZQ: Mas você disse que não apoia causas políticas.

COBAIN: Ah, não. De maneira alguma. Eu não acho que isso deveria ser ligado à música. Ninguém quer ouvir um músico pregando. Se você toca guitarra, você deve se divertir.

WOZQ: Foi desse jeito no show do Fugazi. Foi legal, mas Ian MacKaye foi lá e deu um sermão em todo mundo.

COBAIN: Quero dizer, tudo bem algumas pessoas fazerem isso. Mas, mesmo que quiséssemos ser politicamente corretos, não conseguiríamos, porque somos burros demais. Éramos um bando de maconheiros no ensino médio.

MINHA ENTREVISTA CONSTRANGEDORA COM KURT COBAIN

ENTREVISTA REALIZADA POR
ROBERT LORUSSO

WCHR 97.4
London Ontário

20 de setembro de 1991

Robert LoRusso entrevistou o Nirvana para seu programa de rádio em London, Ontário, no Canadá. Ele fornece a seguinte ressalva a respeito da entrevista:

> Esta entrevista é terrível. Não estou praticando falsa modéstia ao dizer isso. Esta entrevista é factualmente terrível de acordo com todos os critérios jornalísticos. É terrível pelos seguintes motivos: 1) Minhas perguntas foram mal construídas porque 2) minha pesquisa foi incompleta e imprecisa.

ROBERT LORUSSO: Bem, então, o que aconteceu é que estamos recebendo muitas reclamações porque somos de uma área pequena do Canadá – perto daqui, London, Ontário. Não sei se vocês passaram por lá antes de chegarem aqui, ou se vocês passarão quando forem a Detroit. Geralmente não temos problemas com isso, mas recebemos algumas reclamações recentemente. Eu estava tocando Mr. Bungle, a banda antiga do Mike Patton...

KURT COBAIN: Sim, ouvi algo a respeito disso.

LORUSSO: Sim.

COBAIN: Nossa.

LORUSSO: E recebi umas reclamações do gerente da minha estação. Não foi muita coisa. Normalmente não temos problema com censura, mas recentemente eles têm fechado o cerco.

COBAIN: Está acontecendo por toda parte.

LORUSSO: Sim, é muito frustrante. É só que... eu não sei o que fazer.

COBAIN: Comece sua própria estação de rádio pirata.

LORUSSO: Bem, é isso que eu vou fazer no fim das contas, porque é aqui que eu estou, certo, estudando.

COBAIN: Aham.

LORUSSO: Então, nos próximos anos, quem sabe, eu aprenderei a construir o negócio.

COBAIN: Há vários livros e manuais sobre isso.

LORUSSO: Na verdade, eu poderia ter conseguido um transmissor de baixa potência. Eu estava pensando em incrementá-lo. Isso seria muito legal.

COBAIN: Bem punk rock! [*Inaudível*]

LORUSSO: Colocar ele na parte de trás da van, sabe? Legal. Certo, me desculpe por esta entrevista completamente desajeitada, mas, então... É, posso pedir para você gravar um ID para a estação?

COBAIN: Claro. Você está ouvindo a rádio...

LORUSSO: 94.7.

COBAIN: 94.7...

LORUSSO: Radio Western.

COBAIN: Radio Western, e eu sou o Kurt, do Nirvana.

LORUSSO: Legal. Certo, primeiramente, a primeira pergunta: Por que vocês decidiram começar sua turnê em Toronto?

COBAIN: Acho que estávamos planejando começar na Costa Leste, então... Não tenho ideia. Pergunte ao meu empresário. Eu nem prestei atenção no itinerário, para onde vamos. Quero dizer, estou feliz de estar aqui, estou feliz de estar no Canadá. Eu não tinha ideia de que iríamos ao Canadá, mesmo. Quero dizer, eu esperava vir aqui em algum momento deste ano com a turnê, mas eu não presto atenção no itinerário e para onde vamos, porque – bem, eu não posso dizer que é tudo a mesma coisa, mas fica mais empolgante desse jeito. Apenas aparecer em uma cidade. Eu não gosto de prestar atenção na política, ou no que está acontecendo com a banda, nem um pouco. Só gosto de curtir a viagem.

LORUSSO: Você quer se afastar da parte administrativa e apenas tocar.

COBAIN: Exatamente. É por isso que temos um empresário agora, ele cuida das coisas para nós. É claro, ele se comunica com o Krist, e o Krist resume para mim o que está acontecendo. Se tem algo de que não gostamos, nós falamos – não é como se não ligássemos e não prestássemos atenção. Mas eles arrumam o que nós pedimos e vamos em frente...

LORUSSO: Você não liga muito para fazer entrevistas, mas isso é porque você fez entrevistas demais ou porque se frustra com elas?

COBAIN: As duas coisas, eu acho. Eu fico muito entediado com as mesmas perguntas o tempo todo. É compreensível, e também percebo que a maioria dos entrevistadores precisa perguntar as perguntas típicas, porque não temos uma imagem clara e nossa banda não tem muita história. Então, qualquer coisa que as pessoas conseguirem achar, elas vão basear sua entrevista nisso. Mas eu estou cansando de ouvir esse papo de "banda independente lançando em uma grande gravadora". Aconteceu, e não podemos fazer nada a respeito, então não faz sentido ficar analisando isso, sabe?

LORUSSO: Você acha que seu contrato com uma grande gravadora acabou rendendo mais entrevistas com entrevistadores ignorantes?

COBAIN: Não necessariamente. Eu percebi que muitas das pessoas que nos entrevistaram desta vez são as mesmas que nos entrevistaram antes. As mesmas revistas. Tivemos pouquíssimas entrevistas nos EUA, mas eu percebi uma quantidade maior na Europa, onde geralmente já são amigos nossos. É quase como uma conspiração: eles não vão falar mal de nós, não vão nos detonar, nem farão parecermos bobos. Então, por esse lado, é bom, mas está ficando entediante. Eu não os culpo por fazer as mesmas perguntas.

LORUSSO: Bem, vocês estão sendo mais divulgados, agora que estão em uma grande gravadora?

COBAIN: Sim, sim, eles estão muito animados. Eles estão animados de verdade e gostam da música, gostam mesmo.

LORUSSO: É, tipo, três quartos de um milhão de dólares – um investimento e tanto.

COBAIN: Três quartos de um milhão de dólares? Não, nós não recebemos tudo isso.

LORUSSO: Não foi tudo isso? Foi o que eu li, talvez na revista M.E.A.T. Quanto vocês receberam?

COBAIN: US$ 175.000. 33% de impostos, 15% para nosso advogado, 10% para nosso empresário, US$ 70.000 para a Sub Pop, sobraram uns US$ 20.000 para comprarmos equipamento. No momento, não tenho onde morar.

LORUSSO: Não está no seu contrato? Porque John Kastner, dos Doughboys, por exemplo... Eu sei que a empresa paga pelo aluguel dele. Vocês não têm isso?

COBAIN: Só temos o que sobrou do adiantamento, numa conta bancária. Temos um contador, e ele nos dá um pouco de dinheiro todo mês, para sobrevivermos. Estamos em turnê e gravando há tanto tempo que eu nem tive a oportunidade – eu fui despejado do meu apartamento uns três meses atrás. Toda vez que voltamos, só temos alguns dias em casa, aí acabo indo para a casa da minha mãe. Então ainda não achei um lugar para viver.

LORUSSO: Então vocês ainda estão passando necessidade?

COBAIN: Não, não estamos passando necessidade. Acho que estamos bem financeiramente. Quero dizer, é mais dinheiro do que eu já tive em qualquer momento da minha vida. Poder pagar o aluguel todo mês, é ótimo, sabe? É tudo o que eu queria.

LORUSSO: Então vocês estão se divertindo?

COBAIN: Ah, sim, certamente. Muitos problemas foram embora, sabe?

LORUSSO: Uma pergunta sobre o disco novo: Por que vocês escolheram Butch Vig para produzir *Nevermind*?

COBAIN: Porque tentamos gravar nosso disco há um ano e meio em Madison, e as demos ficaram muito boas. Então decidimos gravar de novo.

LORUSSO: Vocês queriam aquele som de Wisconsin?

COBAIN: O som de Wisconsin, sim.

LORUSSO: O som dos lenhadores! Quando vocês assinaram o contrato com a nova gravadora, vocês sentiram alguma pressão interna para amaciar seu som? Ou eles deixaram tudo nas suas mãos?

COBAIN: Não houve pressão alguma. Na verdade, quando completamos nossa primeira mixagem, nosso cara de A&R disse que o som não estava cru o suficiente. Foi uma surpresa, mas é verdade.

LORUSSO: Nossa.

COBAIN: Sim.

LORUSSO: Vocês ficaram apreensivos sobre assinar o contrato com a Geffen?

COBAIN: Bem, não especificamente com a Geffen. Quero dizer, confiamos nela.

LORUSSO: Mas a MCA...

COBAIN: Muitas das outras gravadoras com quem falamos – sim, eu estava muito preocupado, porque assinar sete anos da sua vida em um contrato é uma decisão bem grande.

LORUSSO: Certo. Eu li na revista *M.E.A.T.* – é uma revista feita em Hamilton e Toronto – que você é muito fã do rap, mas não gosta de grupos de rap branco porque, vou citar aqui, "O homem branco já roubou do homem negro por tempo demais". Então, o que você acha da banda Consolidated?

COBAIN: Ah, sei lá, eu estava bêbado quando disse isso? Eu sou fã do rap, mas a maioria das músicas é tão misógina que eu nem consigo ouvi-las. Não sou tão fã assim. Eu amo e respeito o gênero, porque é uma das únicas formas originais de música que foi apresentada. Mas o homem branco fazendo rap é como ver um homem branco dançando. Não sabemos dançar; não sabemos fazer rap. Sabe? O melhor seria deixar isso quieto.

LORUSSO: Perdão, eu sou italiano. Eu tenho isso no meu DNA, muito obrigado.

COBAIN: Ah, ótimo, você teve suas patelas extraídas quando nasceu!

LORUSSO: [*Risos*] Algum grande plano para o futuro? Mais uma pergunta maravilhosamente vaga!

COBAIN: É... [*Risos*]

LORUSSO: Estilo de vida rock and roll?

COBAIN: É, tanto faz, sei lá. Jogar televisões pela janela, tomar red snappers, extintores de incêndio, velas cintilantes, fogos de artifício...

LORUSSO: Tomar screwdrivers, esse tipo de coisa?

COBAIN: É.

LORUSSO: Legal. Então, estamos conversando com...

COBAIN: Kurt, do Nirvana.

LORUSSO: E você está ouvindo a Radio Western, 94.7 FM, na linda London, Ontário. Posso pedir para você gravar uma vinheta para meu programa?

COBAIN: Sim, claro.

LORUSSO: Diga quem você é, e que você está ouvindo *Idle Banter* – esse é o nome do programa, *Idle Banter*.

COBAIN: *Idle Banter*?

LORUSSO: Sim.

COBAIN: Oi, aqui é o Kurt, do Nirvana, e você está ouvindo *Idle Banter*.

LORUSSO: Na 97.4, Radio Western.

KURT COBAIN, ACÚSTICO

ENTREVISTA REALIZADA
POR ERICA EHM

Much Music TV

10 de agosto de 1993

ERICA EHM: Então, eu faço um programa de livros no Much [o canal da TV a cabo canadense, Much Music].

KURT COBAIN: Você faz o quê?

EHM: Um programa de livros.

COBAIN: Ah.

EHM: Em que eu falo com várias pessoas sobre os livros favoritos que elas leram e como elas foram inspiradas por eles, ou o que aprenderam com eles, coisas assim. Então, tem um livro ao qual você retorna de vez em quando?

COBAIN: Bem, sim, eu li *O Perfume*, de Patrick Süskind, umas dez vezes e não consigo parar de lê-lo. Ele praticamente não sai do meu bolso, não fico sem ele. E toda vez que fico entediado, tipo, se estou em um avião ou algo assim, eu o leio mais uma vez – porque eu sou hipocondríaco e ele me afeta, me dá vontade de arrancar o nariz.

EHM: O livro é sobre o quê?

COBAIN: É sobre um aprendiz de perfumista na França, na virada do século. Basicamente, ele sente nojo de todos os humanos, mas não consegue se afastar dos humanos. Então ele faz uma viagem, uma jornada da morte, em que ele vai às áreas rurais onde tem árvores por toda parte e pequenas vilas. E ele só viaja à noite. Toda vez que ele sente um cheiro causado por um humano, tipo uma fogueira na distância, ele sente muito nojo, se esconde e tenta se afastar das pessoas. Eu me identifico com isso. [*Risos*]

EHM: Você usa o que você lê em suas músicas?

COBAIN: Por sinal, eu usei exatamente essa história em "Scentless Apprentice". Sim. Então, é uma das primeiras vezes que usei uma história pronta de um livro como um exemplo para uma música. Eu sempre tentei me afastar disso, mas agora que tenho cada vez menos ideias, minha tendência é fazer isso.

EHM: É difícil quando você passa sua vida inteira fazendo os primeiros discos, depois, de repente, todo mundo precisa de sua atenção – você precisa fazer entrevistas, precisa viajar –, aí, de repente... é difícil ter ideias novas?

COBAIN: Hum, não sei. Eu percebi que as pessoas esperam uma abordagem mais temática da nossa música. Sempre querem interpretar as coisas. Antes, eu só estava usando trechos de poemas e qualquer lixo, sabe, só as coisas que saíam de mim na época. Em muitos casos, eu só escrevo as letras em cima da hora, porque sou muito preguiçoso. Aí eu preciso ficar achando explicações para o que escrevi. Então eu achei melhor evitar essa situação e ter uma explicação de verdade – para algumas músicas, pelo menos.

EHM: Há muitas referências a bebês em todas as músicas. Eu não achei que ouviria isso, mas você canta sobre, tipo, úteros, bebês, bafo de bebê, vômito de bebê...

COBAIN: Vômito de bebê?! [*Risos*] Acho que ela está mentindo...

EHM: Há bebês por tudo. Obviamente, isso se tornou uma parte enorme da tua vida!

COBAIN: Mas já era uma parte da minha vida antes mesmo de a Courtney engravidar. Acho que eu tinha um desejo secreto de me tornar médico, algo assim – não sei. Ou uma pessoa que trabalha com cremação... Não sei, sempre gostei de anatomia, desde minha infância, quando ganhei aquele kit de anatomia com um bonequinho, The Invisible Man, ou The Visible Man. É algo que me interessa muito.

Desde que me tornei um grande astro do rock e ganhei um monte de dinheiro, achei um lugar no shopping Mall of America, em Minneapolis, que só vende coisas de médico. É uma fornecedora de equipamentos médicos que se tornou... eles a abriram ao público. É muito legal. Eu comprei um monte de fetos e, sabe, modelos de anatomia, ilustrações e tal, e é como realizar um sonho. Porque eu sempre fui muito pobre, então, se eu achava algo assim em sebo, eu mal tinha dinheiro para comprar. Em muitos casos, eu *não podia* comprar essas coisas, então eu fui lá e comprei um monte dessas coisas. E acho que as utilizei excessivamente para a arte do disco e... acho que exagerei mesmo.

EHM: Você conhece aquele velho ditado, o dinheiro não compra felicidade. Você acha que é verdade?

COBAIN: [*Risos*] Bem, sim, não dá para comprar felicidade. Quero dizer, isso me fez feliz por um tempo, mas eu acho que fiquei tão feliz quanto... Eu me lembro de ir a esses sebos, lugares assim, e achar algum tesouro. E isso significava mais para mim, porque era uma tentativa às cegas, de certa forma. Porque você não sabia se teria dinheiro para comprar aquilo, e nem sabia direito o que estava procurando. Quando você acha, é mais especial para você, ao invés de pegar mil dólares e entrar numa loja dessas e comprar a loja inteira, sabe? Não é tão especial.

EHM: Já que você conquistou tanto sucesso tão rapidamente, tão surpreendentemente, teve um bebê e se casou – o que te empolga agora?

COBAIN: Meu bebê e meu casamento. Não sei. Ainda gosto de tocar, também. Quero dizer, Krist, Dave e eu não mudamos nada. Acredite se quiser, mas nos damos tão bem quanto no dia em que começamos a tocar juntos. Somos as mesmas pessoas passivo--agressivas que sempre fomos e nunca brigamos. E quando ficamos putos uns com os outros, apenas evitamos falar o que não devemos e nos respeitamos dessa forma. É mais fácil trabalhar desse jeito, porque temos uma missão, eu acho.

EHM: Como você lida pessoalmente com relacionamentos – relacionamentos pessoais – que são sempre expostos e examinados em público? Deve ser muito difícil.

COBAIN: Bem, é difícil mesmo. Mas ainda tenho muitos dos mesmos amigos que sempre tive, então... Eles não parecem se importar. E isso nunca é tão exposto assim – ninguém escreve sobre como eu andei pela rua com meu amigo Dillon para fazer alguma coisa. Mas...

EHM: Mas eles detonaram você e Courtney. Eles amam fazer isso.

COBAIN: Sim. Eu não sei o motivo disso. Mas nós somos apenas... Não sei. Acho que pode ser meu ego falando agora, e eu poderia dizer, "Bem, somos pessoas interessantes". Mas acho que somos bodes expiatórios convenientes. Tudo começa com alguma coisa, aí as pessoas pegam isso e levam adiante, e nos tornamos caricaturas. Não posso fazer nada a respeito disso, mesmo. Eu posso ameaçar processar por difamação as pessoas que escrevem essas merdas sobre nós. Mas, se você pesquisar a respeito disso, é praticamente uma causa perdida. Você precisa de muito dinheiro para fazer isso. Eu poderia gastar todo o dinheiro que ganhei no ano passado lutando contra essa matéria da *Vanity Fair*, e eles ainda assim ganhariam, porque eles têm mais dinheiro.

EHM: Tem uma revista no Canadá que assume um novo nome a cada edição. Aí vai à falência após cada edição, para poder escrever o que quiser, e ninguém pode processá-la.

COBAIN: Nossa, essa é uma estratégia bem esperta. [*Risos*]

EHM: É mesmo.

COBAIN: Isso meio que me lembra de como muitas estações de rádio nos EUA conseguiram nosso disco novo – alguém tinha mandado cópias em fita cassete de péssima qualidade, de quinta geração, anonimamente. Para conseguir tocar o disco, eles começavam no fim de semana, às cinco horas da tarde, na sexta-feira. Assim, eles podiam tocar durante o restante do fim de semana sem sofrer um processo. Isso é... até que é esperto.

EHM: É publicidade gratuita para vocês, de qualquer forma. O disco vai sair de uma forma ou de outra.

Eu fiquei enojado e puto com isso, porque o som da fita era terrível mesmo. Era muito, muito ruim. Então, todo mundo que ouviu o disco naquele fim de semana vai dizer, "Sim, você tem razão. Ok, o boato era verdade, o disco do Nirvana é uma merda, e não vou comprar". Então me incomodou um pouco. Mas demos conta disso.

COBAIN: Isso é verdade – mas o negócio é que surgiu tanta controvérsia sobre a má qualidade de som do disco, sabe, de como ele é *lo-fi*. E ouvir o disco dessa forma, em comparação a todas as outras músicas que tocaram na rádio naquela noite... Eu fiquei enojado e puto com isso, porque o som da fita era terrível mesmo. Era muito, muito ruim. Então, todo mundo que ouviu o disco naquele fim de semana vai dizer, "Sim, você tem razão. Ok, o boato era verdade, o disco do Nirvana é uma merda, e não vou comprar". Então me incomodou um pouco. Mas demos conta disso.

EHM: O que vocês fizeram?

COBAIN: Bem, pensei em contratar um advogado para impedi-los, mas aí decidi contratar um matador de aluguel.

EHM: Perdão? [*Risos*]

COBAIN: [*Risos*] Nada, nada; apague isso. Não, nós apenas ligamos para ele na segunda-feira e pedimos para que parassem.

EHM: E eles disseram, "Ah, tudo bem".

COBAIN: Bem, nosso advogado fez isso.

EHM: É um mundo estranho para você, agora que tem advogados e pessoas que fazem esse tipo de serviço para vocês?

COBAIN: Sim. E é totalmente desnecessário. Se não estivéssemos nesta situação, não precisaríamos de advogados, sabe? É totalmente desnecessário, e precisamos gastar muito dinheiro para nos protegermos o tempo todo, é uma bobagem.

EHM: Quando foi a primeira vez que percebeu isso? Quando você percebeu que precisariam de algumas pessoas em sua equipe para protegê-los dos abutres?

COBAIN: Tarde demais. Muito depois do ocorrido, depois de já sermos danificados, ao ponto de não remediar quase nada. Não sei, foi uma coisa estranha que percebi um dia: "Nossa, eu preciso...". Eu entendo como astros do rock and roll podem, do nada, quase sacrificar a qualidade de sua música para garantir que venderão a mesma quantidade de discos no ano seguinte, porque gastaram todo o seu dinheiro com advogados e se protegendo *no ano passado*. Quero dizer, obviamente, nós não fizemos isso. Não sei se você percebeu, mas o disco não é tão comercial quanto o último. Jamais conseguiríamos fazer isso. Eu preferiria apenas me divertir.

EHM: Eu estava conversando com Aimee Mann, a garota do 'Til Tuesday. Ela estava no escritório dela uns dias atrás. Ela está em turnê com Ray Davies, dos Kinks, e Ray Davies também estava no escritório, e ele chegou antes dela. Eu falei para ela que ele foi muito simpático, mas excêntrico, quando conversei com ele – meio doidinho. E ela disse, "Bem, sabe, há várias pessoas que ficam muitos anos na indústria fonográfica, e a maioria é doidinha. Sabe, é um negócio que simplesmente te enlouquece". [*Cobain ri e concorda*]

EHM: Quero dizer, você precisa – isso está na sua frente, é o seu futuro.

COBAIN: Sim, é o meu futuro. Espero que possamos lançar *Metal Machine Music* no ano que vem... Sei lá. Ou eu aceitei isso, ou eu fiquei tão louco que consigo lidar com isso emocionalmente. Não me importo mesmo. Eu sei que sou teimoso demais para sacrificar a qualidade da nossa música, ou ficar tão imerso nisso ao ponto de nos tornarmos rock stars famosos. Eu não vejo essa possibilidade. Todo mundo nos acusa disso, mas não somos tão populares quanto as pessoas acham. Não somos tão ricos quanto as pessoas acham. Sabe? É que... nós sempre tivemos um bom senso de humor, acho que não entenderam isso. Mas preferimos rir a respeito disso. Ha ha ha ha...

EHM: Mas o que me surpreendeu mesmo é que você... você é um cara divertido, mas suas letras e sua apresentação no palco são furiosas, cheias de angústia, frustradas. Você enxerga o mundo pelo que ele é.

Você chegou a questionar se deveria colocar uma criança neste mundo, do jeito que ele está?

COBAIN: Ah, sim, com certeza. Sim. Eu não sei descrever o que mudou nossa atitude tão rapidamente. Acho que eu era muito mais negativo e furioso alguns anos atrás, mas boa parte disso tinha a ver com não ter uma parceira, sabe, não ter uma namorada fixa, coisas assim. Isso era uma das principais coisas que ainda me incomodava, que eu não admitia na época. Então, agora que eu encontrei isso, o mundo parece muito melhor, por algum motivo. Realmente muda sua atitude a respeito das coisas. Quero dizer, quatro anos atrás eu diria aquela frase clássica, "Como alguém ousa colocar uma criança numa vida assim! É uma coisa terrível a se fazer, e o mundo vai explodir a qualquer dia!", coisas do tipo. Mas, assim que você se apaixona, é um pouco diferente.

EHM: Eu não quero saber disso, pare. [*Risos*] George [o câmera] e eu não estamos na melhor situação amorosa no momento, então pare de falar sobre isso. Vamos mudar de assunto.

COBAIN: Não estou me gabando disso. É uma coisa muito estranha.

EHM: Não, é legal ouvir você falando sobre isso. É legal. Sabe, sobre essa coisa grunge – entre aspas, "grunge" –, só quero saber, de onde veio essa palavra?

COBAIN: Não tenho ideia. Acho que alguns dos boatos dizem que Jonathan Poneman falou isso uma vez, sarcasticamente, e apenas pegou.

EHM: Quem?

COBAIN: É um dos chefões da Sub Pop Records. Mas ninguém decidiu divulgar a música dessa forma. É apenas o que acontece quando a mídia percebe algo; eles precisam dar um nome pro negócio. Eu gosto do nome tanto quanto eu gosto de "New Wave". Eu teria orgulho de ser da New Wave, sabe, 15 anos atrás.

EHM: Ah, sim, temos quase a mesma idade. Eu gostava de New Wave, com certeza. Você acha que vocês têm um pouco da mesma... há algo em comum entre a música de vocês e a New Wave?

COBAIN: Acho que sim.

EHM: Tipo o quê?

COBAIN: Bem, a New Wave era uma progressão do punk rock, uma mutação do punk rock, e era mais comercial e palatável. Tinha raízes no punk rock, mas era mais fácil de digerir para a mídia, para o americano médio e para o ouvinte médio do resto do mundo. E é mais ou menos assim que vejo nossa música.

EHM: Você se preocupa com uma reação negativa ao Nirvana?

COBAIN: Isso já não acabou? Já não aconteceu? Não sei... Claro, eu... não, não sei. Estamos ficando mais New Wave com o passar do tempo. Acho que vamos reinventar o New Wave e reviver o breakdance. Eu gostaria muito de reviver o New Wave e o breakdance, sabe? Unir isso a alguma coisa. É como as nossas músicas novas soam. Estamos usando mais efeitos e nós... Ainda não estamos usando gravatas finas, mas nós vamos, nossa música...

Isso soa como o encerramento do capítulo da fórmula que estamos usando, sabe? É como se o grunge fosse muito entediante para nós. É algo que não conseguimos negar, e não vamos parar de tocar as últimas músicas ao vivo... Mas, sabe, nossos gostos estão mudando tão rapidamente que estamos experimentando muito, com várias coisas. E pode ficar indulgente demais, até vergonhoso, no próximo disco. Mas não podemos gravar outro disco igual, e esse é apenas o último capítulo da música grunge de três acordes para nós. E... foi algo fácil de se fazer, e seguro, porque sabíamos que ainda é popular, entende? Mas precisávamos gravar essas músicas.

EHM: Como é que você está tão simpático e... você parece tão confortável consigo mesmo. Algo deve ter acontecido nos últimos dois anos. Foi apenas o amor?

COBAIN: Não.

EHM: O que aconteceu?

COBAIN: Eu sempre fui um cara simpático.

EHM: Talvez você tivesse medo de exibir isso antes. Por quê?

COBAIN: [*Risos*] Bem, o que – sei lá, você nunca falou comigo antes, então...

EHM: Eu nunca falei com você antes. Mas eu conheço pessoas que tiveram a oportunidade de te entrevistar, e elas disseram, "Ah, ele odeia dar entrevistas. Ele não vai querer falar sobre nada". Eu disse, "Bem, quer saber, tanto faz. Quem sabe como será?". E você é, tipo, exatamente o oposto do que...

COBAIN: Só depende do meu humor atual. Eu tenho um temperamento forte; muitas vezes, quando alguém tem a chance de falar comigo, eu provavelmente estou em turnê, ou estou passando por uma época exaustiva em que já falei sobre mim por horas e mais horas. Nesta semana, eu não precisei falar muito sobre mim mesmo, então devo estar mais colaborativo.

EHM: Que sorte a minha! Acho que uma das coisas interessantes do Nirvana que você não comenta muito é que você se preocupa muito com o machismo; eu gosto disso, é legal. Então, como você conscientiza as pessoas a respeito desse problema?

COBAIN: Compondo músicas diretas, como "Rape Me". O fato de que precisei fazer algo assim é quase vergonhoso, porque as pessoas não entendiam músicas como "About a Girl" ou "Polly". E precisar explicar isso, e ter interpretações erradas disso – é muito... Eu decidi compor "Rape Me" de uma forma que fosse tão direta e óbvia que ninguém conseguisse negá-la, e ninguém conseguisse interpretá-la de outra forma.

Apesar de que algumas pessoas *conseguiram* interpretar errado. Porque algumas partes da letra, certas pessoas acharam que podem ter a ver com minha aversão à mídia e à forma como ela nos tratou, coisas assim. Mas não é verdade. A música não é sobre isso. É apenas minha forma – quase sarcástica – de dizer, "O quão óbvios precisamos ser?". Acho que não falamos sobre esse tipo de coisa que é muito importante para nós, porque não queremos ser vistos como apenas uma banda politicamente correta, sabe? Estamos aqui para entreter, é para isso que a música serve. Então é difícil ultrapassar os limites.

EHM: É que você tem tanto poder porque a câmera está apontada para você. Você pode usar isso.

COBAIN: Sim. Bem, nós tentamos usar nosso poder. Fomos bem eficazes com algumas coisas, tipo quando fomos associados com uma organização chamada FAIR [*Fairness and Accuracy in Reporting*, ou "Justiça e

Precisão na Comunicação"]. E não me lembro agora, porque me deu um branco do que a sigla significa, mas é algo tipo... ah, merda, não me lembro. Mas é uma organização que analisa injustiças, que vê os detalhes de certas situações e certos acontecimentos que são noticiados em revistas e jornais como o *USA Today*, que tendem a fazer uma análise rasa dos fatos. E eles são, basicamente, uma organização de esquerda que tenta proteger as pessoas em certas áreas, e supostamente tentam entregar a verdade da melhor maneira possível.

Então fizemos shows beneficentes assim, tipo o evento "No on 9" para tentar impedir as leis homofóbicas que estavam tentando aprovar em Portland, e fizemos um evento beneficente para a Bósnia, e coisas assim. E pode não parecer muito, mas arrecadamos uns US$ 50.000 para as vítimas de estupro da Bósnia, e isso é muito mais do que conseguiríamos se reclamássemos e falássemos sobre isso em entrevista, ou, quem sabe, lançando um fanzine... Sabe, não há nada errado em fazer coisas assim, mas estamos usando as ferramentas que temos e sendo eficientes o máximo possível. Mas, ao mesmo tempo, não queremos ser políticos demais, porque é meio vergonhoso fazer isso, ou podemos ser ridicularizados por isso.

EHM: Sim, mas vocês estão fazendo aquilo em que acreditam, é isso que importa.

COBAIN: Bem, é difícil não fazer isso, sabe? Se você chega nessa posição, o que pode fazer? Ir para o partido republicano só para proteger o que você ganhou? Dane-se.

EHM: Ok, temos mais duas perguntas, aí te deixamos ir.

COBAIN: Dá para fumar na televisão do Canadá?

EHM: Bem, é tarde demais agora, você já... Sim, faça o que quiser.

COBAIN: Eu só fumei três.

EHM: Então, estamos fazendo uma matéria especial sobre os Replacements, e eu estava pensando se eles te influenciaram de alguma forma como compositor, ou a tua música?

COBAIN: Eu meio que queria ter uma influência deles, porque são tão comparados a nós. Preciso ser honesto: eu não gostava muito dos Replacements quando eu curtia punk rock. Eu os ouvia e gostava do som, no geral. Não sei se... Acho que minha apreciação do R.E.M., dos Beatles e coisas assim tinha mais a ver, porque eu não conhecia muito do Soul Asylum ou dos Replacements, bandas assim. Quero dizer, eu sabia da existência delas, e cheguei a ver shows delas, mas eu não entendia, não gostava muito.

EHM: E, por favor, seria possível comentar sobre... Eu espero você acender esse, porque isto é... Qual é seu comentário sobre a música de elevador... Sobre Seattle ser a capital da música de elevador?

COBAIN: Bem, é uma coisa óbvia, é claro que aconteceria, sabe? Era esperado... Ah, achei que você estava falando do disco de música de elevador que saiu, *Grunge Lite*...

EHM: Ah, sim, *Grunge Lite*, o que você acha disso?

COBAIN: É ótimo. É uma coisa óbvia. É o último capítulo no livro do grunge. Mas a capital da música de elevador? Então, é aqui que a maioria da música de elevador é feita? Eu nem sabia disso. Achei que tinha apenas uma estação aqui.

EHM: Seattle é a capital da música de elevador.

COBAIN: Obrigado por me informar disso.

EHM: Você achou que era a capital do grunge. Não! [*Risos*] Ah, estávamos lá, mas eles não tocam as suas músicas.

COBAIN: Ah, que pena. [*Risos*]

EHM: Eles disseram que era agressiva demais, que deixaria as pessoas empolgadas demais.

COBAIN: Bem... também temos umas músicas bonitas. Meu Deus, que pena. Isso me deixa chateado. Mas, sei lá, música de elevador, isso é legal.

EHM: Mas eles não gostaram do disco *Grunge Lite*, porque a mulher enviou uma cópia a eles, e eles não gostaram porque era eletrônico demais, e eles gostam de usar músicos de verdade.

COBAIN: Ah, sim, eu também prefiro isso. Eu gostei quando o Devo fez versões de música de elevador de suas músicas, foi bem legal. Você já ouviu? Foi divertido. E acho que eles usaram músicos de verdade para gravar.

EHM: Você já passou um tempo com eles, com o Devo? Sei que você é fã deles.

COBAIN: Não, nunca os conheci.

EHM: Você já teve a chance de conhecer algum herói seu? Alguém que você ficou muito feliz de conhecer?

COBAIN: Sim, sim, isso é um lado positivo de ser um rock star. Mas eu conheci Iggy Pop antes de sermos rock stars, e Iggy Pop é praticamente a única pessoa que eu conheci e que eu admiro e gosto muito.

EHM: E você ficou feliz quando o conheceu?

COBAIN: Sim, fiquei muito empolgado, foi ótimo. Eu não pedi um autógrafo. Eu tentei não o incomodar, da forma que eu acho que não gostaria de ser incomodado... E a outra pessoa foi William Burroughs. Eu o conheci e consegui fazer um disco com ele.

EHM: Me conte sobre esse disco que você está fazendo com William Burroughs.

COBAIN: Bem, ele já saiu, é um single de 10 polegadas, uma história dele chamada "The 'Priest' They Called Him", e eu apenas... Foi gravado a distância. Ele tinha gravado a versão dele, aí eu fiz um monte de sons com a guitarra no fundo, e eles fizeram a mixagem em outro lugar. Foi lançado, e agora estamos considerando gravar um álbum inteiro.

EHM: Nossa! Um disco com ele lendo suas obras e você tocando guitarra no fundo?

COBAIN: Acho que eu tocarei mais instrumentos desta vez, ao invés de ligar o foda-se como fiz antes. Foi um negócio de última hora, eu só fiz uns barulhos. Mas, na próxima vez, eu gostaria de me esforçar – quem sabe eu faça uma versão de música de elevador.

EHM: Tenho certeza de que William Burroughs amaria isso. Quero garantir que fiz todas as minhas perguntas, e essa aqui eu... ah, Tori Amos. Você gostou da cover que ela fez de "Smells Like [Teen Spirit]"?

COBAIN: Bem, ela teve seu propósito, porque a usamos como introdução. Antes de subirmos ao palco, tocávamos essa música, aí aparecíamos e dançávamos ao som dela. Fazíamos uma dança interpretativa. Era divertido.

EHM: A última coisa que eu quero te perguntar... Não tenho certeza de qual integrante da sua banda disse isso – talvez você, mas pode ter sido outro –, mas algum de vocês disse que estava perturbado por seu público mais casual, e que queria fazer música apenas para os fãs de verdade...

COBAIN: Bem, alguns anos atrás, quando estávamos fazendo essas declarações ousadas e negativas sobre coisas assim, estávamos muito confusos e tínhamos medo – medo de que perderíamos boa parte do nosso público, os que mais importavam para nós, porque são pessoas com quem gostaríamos de ter um vínculo, sabe, os universitários e as pessoas do underground. E não, acho que não os perdemos. Acho que ainda são fãs. Então, não me preocupo mais com isso. Mas eu me preocupava na época.

“VOLTAREI A TOCAR PARA 20 PESSOAS, SE AINDA ESTIVER A FIM DISSO”

ENTREVISTA REALIZADA
POR JON SAVAGE

REVISTA *GUITAR WORLD*
22 de julho de 1993

JON SAVAGE: Me conte sobre seu passado.

KURT COBAIN: Nasci em Aberdeen, Washington, em 1967, e morava entre Aberdeen e Montesano, que ficava a 30 quilômetros. Eu me mudei entre casas de parentes a minha infância toda.

SAVAGE: Seus pais se separaram quando você era jovem?

COBAIN: Sim, quando eu tinha sete anos.

SAVAGE: Você se lembra disso?

COBAIN: Eu me lembro de sentir vergonha, por algum motivo. Eu tinha vergonha dos meus pais. Eu não conseguia mais falar com alguns amigos meus na escola, porque eu desesperadamente queria ter aquela família clássica, sabe? Com pai e mãe. Eu queria aquela segurança, então fiquei ressentido com meus pais por vários anos por causa disso.

SAVAGE: Você fez as pazes com eles?

COBAIN: Bem, sempre mantive um relacionamento com minha mãe, porque ela sempre demonstrou mais afeto. Mas fiquei uns 10 anos sem falar com meu pai, até o ano passado, quando ele veio falar comigo nos bastidores, após um show que fizemos em Seattle. Eu fiquei feliz de vê-lo porque sempre quis que ele soubesse que eu não o odiava mais. Por outro lado, eu não queria encorajar nosso relacionamento, porque não tinha nada a dizer para ele. Meu pai é incapaz de mostrar muito afeto, ou mesmo de conversar. Eu não queria ter um relacionamento com ele só porque é meu parente consanguíneo. Isso me entediaria.

Então, na última vez em que o vi, expressei isso e deixei claro que não queria mais ter um relacionamento com ele. Mas foi um alívio para ambas as partes, sabe? Porque, por alguns anos, ele achou que eu o odiasse mesmo.

SAVAGE: Não tem como evitar.

COBAIN: Mas é isso que fiz a minha vida inteira. Sempre larguei empregos sem contar ao empregador que estava largando; eu simplesmente deixava de aparecer no trabalho um dia. Fiz o mesmo no ensino médio – eu larguei quando faltavam apenas dois meses para acabar. Sempre fugi das coisas, então, encarar meu pai – apesar de ele ter me buscado – foi um bom alívio.

SAVAGE: Você já escreveu sobre essas coisas? A letra de "Serve the Servants" parece bem autobiográfica.

COBAIN: Sim, foi a primeira vez que tratei dessa questão com meus pais. Poucas vezes escrevi algo tão obviamente pessoal.

SAVAGE: Como foi sua infância?

COBAIN: Eu era muito isolado. Eu tive uma infância boa, até o divórcio. Aí, de repente, meu mundo inteiro mudou. Eu me tornei antissocial. Comecei a entender a realidade dos meus arredores, que não tinham muito a me oferecer. Aberdeen era uma cidade de tão pequena, e dificilmente eu encontrava algum amigo de quem conseguisse gostar muito, ou que fosse compatível comigo, ou que gostasse de fazer as mesmas coisas que eu. Eu gostava de fazer coisas artísticas e ouvir música.

SAVAGE: O que você escutava naquele tempo?

COBAIN: Qualquer coisa que eu conseguisse. Minhas tias me davam discos dos Beatles, então, na maior parte do tempo, era Beatles. De vez em quando, eu conseguia comprar um single.

SAVAGE: Você gostava dos Beatles?

COBAIN: Sim. Minha mãe sempre tentou ter um pouco de cultura britânica na nossa família. Bebíamos chá o tempo todo! Eu não sabia nada a respeito dos meus ancestrais até este ano, quando aprendi que o nome Cobain é irlandês. Meus pais nunca tinham se dado ao trabalho de descobrir essas coisas. Eu descobri olhando algumas listas telefônicas dos EUA, procurando nomes parecidos com o meu. Não encontrei nenhum Cobain, então comecei a procurar

Coburns. Achei uma senhora em São Francisco que estava pesquisando sobre nossa família há anos.

SAVAGE: Então era Coburn?

COBAIN: Na verdade, era Cobain, mas os Coburns erraram quando vieram para cá. Eles vieram de County Cork, que é uma coincidência esquisita, porque, quando fizemos uma turnê pela Irlanda, tocamos em Cork e eu passei o dia inteiro andando com uma sensação esquisita. Nunca me senti mais espiritual em minha vida. Era uma sensação bizarra – um amigo meu que estava comigo pode comprovar isso – e fiquei quase chorando, o dia todo. Desde aquela turnê, que foi há cerca de dois anos, tenho uma sensação de que sou irlandês.

SAVAGE: Me conte sobre sua experiência no ensino médio. As pessoas eram desagradáveis com você?

COBAIN: Eu era uma válvula de escape, mas não no sentido de que as pessoas tiravam sarro de mim o tempo todo. Não tiravam sarro de mim nem batiam em mim, porque eu já estava tão retraído nessa época. Eu estava tão antissocial que era quase louco. Eu me sentia tão diferente e tão louco que as pessoas simplesmente me deixavam em paz. Eu não ficaria surpreso se me elegessem como o "Aluno que Mais Provavelmente Matará Todo Mundo no Baile de Formatura".

SAVAGE: Agora você compreende por que algumas pessoas ficam tão alienadas que se tornam violentas?

COBAIN: Sim, certamente entendo como o estado mental de uma pessoa pode se deteriorar a ponto de fazer isso. Eu cheguei ao ponto de fantasiar sobre isso, mas tenho certeza de que preferiria me matar antes. Mesmo assim, sempre amei filmes de vingança sobre bailes de formatura, como *Carrie, a Estranha*.

SAVAGE: Quando você ouviu punk rock pela primeira vez?

COBAIN: Provavelmente em 1984. Eu tento acertar essa história cronologicamente, mas não consigo. Minha primeira exposição ao punk rock foi quando a revista *Creem* começou a escrever sobre a turnê dos Sex Pistols pelos EUA. Eu lia a respeito disso e fantasiava sobre como deveria ser incrível ouvir a música deles e fazer parte daquilo. Mas eu tinha uns 11 anos de idade, e não tinha forma alguma de vê-los na turnê. A ideia de ir até Seattle, que ficava a menos de 300 quilômetros, parecia impossível. Meus pais me levaram a Seattle provavelmente umas três vezes na minha vida, pelo que me lembro, e foram viagens familiares.

Depois disso, eu estava tentando encontrar coisas de punk rock, mas é claro que eles não tinham isso na loja de discos de Aberdeen. O primeiro disco de punk rock que consegui comprar deve ter sido do

Devo ou Oingo Boingo, coisas assim; essas coisas finalmente chegaram a Aberdeen anos depois.

Então, finalmente, em 1984, um amigo meu chamado Buzz Osbourne [vocalista / guitarrista da banda Melvins] fez umas duas fitas para mim com Black Flag e Flipper – tudo, todas as bandas de punk rock mais populares –, e fiquei totalmente impressionado. Eu finalmente tinha encontrado minha vocação. No mesmo dia, cortei meu cabelo, deixei-o curto. Eu dublava aquelas fitas. Já estava tocando guitarra fazia uns dois anos, e tentava tocar meu próprio estilo de punk rock, ou o que eu imaginava que ele era. Sabia que era rápido e que tinha muita distorção.

O punk expressava como eu me sentia social e politicamente. Havia tantas coisas acontecendo ao mesmo tempo. Ele expressava a raiva que eu sentia, a alienação. Ele também ajudou a abrir meus olhos para as coisas de que eu não gostava em bandas de metal como Aerosmith e Led Zeppelin. Mesmo que eu gostasse muito, e ainda gosto, de algumas das melodias feitas por essas bandas, eu percebi, de repente, que não gostava das atitudes machistas delas – o jeito que compunham sobre seus pintos e sobre transar. Essas coisas me entediavam.

SAVAGE: Quando você começou a pensar sobre machismo? Foi resultado de seu interesse pelo punk?

COBAIN: Não, foi antes disso. Eu nunca tinha amizades boas com meninos, então acabava passando muito tempo com as meninas, e sentia que elas não eram tratadas igualmente, que não eram respeitadas. Eu odiava o jeito que Aberdeen tratava mulheres no geral; elas eram totalmente oprimidas. As palavras "*bitch*" e "*cunt*" [termos pejorativos para se referir a mulheres] eram muito comuns; eram ditas o tempo todo. Mas levei muitos anos para perceber que eram essas coisas que me incomodavam. Eu estava começando a compreender o que estava me irritando tanto, aí, nos dois últimos anos do ensino médio, eu descobri o punk rock, e tudo fez sentido. Finalmente entendi que eu não era retardado, sabe?

SAVAGE: Você chegou a ter problemas com pessoas achando que você era gay?

COBAIN: Sim. Até eu achei que era gay. Apesar de eu nunca experimentar isso, achei que poderia ser a solução para o meu problema. Eu tinha um amigo gay, e foi a única vez que passei por um confronto real com alguma pessoa. Como eu disse, por tantos anos, eles basicamente tinham medo de mim, mas, quando comecei a andar com esse cara, Myer Loftin, que todo mundo sabia que era gay, começaram a vir atrás de mim, tentando bater em mim e tal. Aí minha mãe disse que eu não podia mais ser amigo dele, porque ela é homofóbica.

SAVAGE: E você encerrou a amizade?

COBAIN: Sim. Foi muito triste, porque eu finalmente tinha achado um amigo homem com quem eu podia conversar e compartilhar afeto, e me disseram que eu não podia mais vê-lo. Na mesma época, eu estava entendendo o que estava acontecendo. Ele teve um papel muito importante nisso.

SAVAGE: Suas letras têm referências gays provocativas – particularmente o verso "*Everyone is gay*" ["Todo mundo é gay"], de "All Apologies". É um reflexo daquela época?

COBAIN: Eu não diria que é um reflexo daquela época. Só estou seguindo em frente com minhas crenças. Acho que é [provocativo] de uma forma comercial, por conta de quantos discos já vendemos.

SAVAGE: É incomum ver bandas falando sobre essas coisas, particularmente no formato que você utiliza, de uma banda de rock composta por homens.

COBAIN: Sim. Mas acho que está melhorando, agora que a "música alternativa" está finalmente sendo aceita, apesar de esse termo ser bem deprimente, na minha opinião. Mas pelo menos há uma consciência, e isso é muito saudável para a geração mais nova.

SAVAGE: Você já teve problemas com a indústria ou com fãs por conta de suas referências gays?

COBAIN: Nunca. A Pansy Division fez uma cover de "Smells Like Teen Spirit" e mudou a letra e o nome para "Smells Like Queer Spirit", e nos agradeceram no encarte do disco. Acho que disseram, "Agradecemos ao Nirvana por ter a atitude mais pró-gay de qualquer banda de rock comercialmente bem-sucedida". Foi um belo elogio. Só que não é novidade para meus amigos, por conta da música que já estamos ouvindo há 15 anos.

Acho que as coisas são diferentes agora. Se você assiste à MTV, tem todos esses quadros de "Libertar Sua Mente" no horário de notícias, em que falam de questões gay e coisas assim. De forma sutil, eles lembram todo mundo do quão machista foi a onda de heavy metal dos anos 1980, porque tudo aquilo já está quase completamente morto. Está morrendo rapidamente. Acho muito engraçado ver várias daquelas bandas, como o Poison – não necessariamente o Poison, mas o Warrant e o Skid Row, bandas assim –, desesperadamente tentando se apegar a suas identidades antigas, mas tentando ter um som alternativo com suas músicas. Fico um tanto animado de saber que ajudei, pelo menos um pouquinho, a nos livrarmos daquelas pessoas – ou, talvez, a fazê-los pensar sobre o que fizeram nos últimos 10 anos. Nada mudou, na verdade, exceto que bandas como Soul Asylum – que já existe há uns 12 anos, quase sempre tocando em bares pequenos – agora têm seus rostos bonitinhos expostos na MTV. Mesmo assim, eles têm uma atitude melhor que o pessoal do metal. Acho que é mais saudável. Eu preferiria isso às coisas antigas.

SAVAGE: A primeira faixa que me fez gostar de Nirvana foi "On a Plain". Mas ela fala sobre o quê?

COBAIN: Típica alienação, eu acho. Toda vez que falo sobre essas músicas, preciso mudar a história, porque acho que estou tão perdido quanto as outras pessoas. Na maior parte do tempo, eu componho músicas com base em pedaços de poemas que junto. Quando faço poesia, não é algo temático. Eu tenho muitos cadernos. Quando preciso escrever uma letra, apenas roubo dos meus poemas.

SAVAGE: É assim que as músicas de *In Utero* foram compostas?

COBAIN: Não tanto. Há mais músicas temáticas nesse disco, músicas que são sobre algo, ao invés de trechos de poemas. Por exemplo, "Scentless Apprentice" é sobre o livro *O Perfume*, de Patrick Süskind. Acho que nunca tinha composto uma música baseada em um livro antes.

SAVAGE: Você lia muito na infância?

COBAIN: Acho que eu tinha uns 14 anos. Fim do ensino fundamental. Eu nunca levava isso muito a sério.

Também não mantinha um diário. Eu nunca fiz diários, e tento escrever histórias com poesia; sempre de forma abstrata.

O plano da minha vida, desde que me lembro, era ser um artista comercial. Minha mãe apoiou muito o meu lado artístico – ela elogiava bastante os meus desenhos e minhas pinturas. Então sempre fui por esse caminho. Quando estava no nono ano, fazia três aulas de arte comercial e planejava estudar arte na faculdade. Minha professora de arte colocava minhas pinturas e outras obras em concursos. Mas, no fim das contas, eu não estava tão interessado nisso, na verdade; não era o que eu queria fazer. Eu conhecia meus limites. No entanto, eu gostava muito da arte e ainda gosto de pintar.

Sempre me senti da mesma forma quanto à escrita. Sei que não tenho educação suficiente para escrever algo que eu gostaria de ler.

SAVAGE: Quando foi a primeira vez que você foi à Inglaterra?

COBAIN: 1989.

SAVAGE: Você gostou de lá?

COBAIN: Sim. Especialmente a primeira vez. Também passamos pelo resto da Europa, mas na sétima semana eu já estava pronto para morrer. Estávamos em turnê com o Tad. Éramos 11 pessoas em uma van Volvo bem pequena, com todo o nosso equipamento.

SAVAGE: Você quer dizer 12, com o Tad...

COBAIN: 15! Dependia do estômago dele estar vazio ou não. Ele vomitou muito naquela turnê.

SAVAGE: Quando você percebeu que as coisas estavam começando a dar certo para a banda?

COBAIN: Provavelmente quando estávamos em turnê na Europa, em 1991. Terminamos o clipe de "Teen Spirit" e começaram a passá-lo enquanto estávamos em turnê. De vez em quando algum amigo me avisava que eu estava famoso. Então, não me afetou, acho que até uns três meses após começarmos a ficar famosos nos EUA.

SAVAGE: Teve algum momento em que você percebeu de vez?

COBAIN: Sim. Quando cheguei em casa. Um amigo meu fez uma compilação de todas as notícias sobre nossa banda que apareceram na MTV e em programas de notícia locais e tal. Foi assustador. Fiquei com medo.

SAVAGE: Por quanto tempo você sentiu medo?

COBAIN: Por cerca de um ano e meio – até os últimos oito meses, mais ou menos. Até minha filha nascer, eu diria. Foi quando eu finalmente decidi sair da minha concha e aceitar os fatos. Houve momentos em que eu quis acabar com a banda porque a pressão era tão intensa, mas, como eu gosto da banda, eu sentia uma responsabilidade de não acabar com ela.

SAVAGE: Foi mais ou menos na época de sua turnê europeia, em 1992?

COBAIN: Sim. Foi quando a banda começou a não me entender emocionalmente. Boa parte disso teve a ver com o fato de que estávamos tocando em festivais ao ar livre, durante o dia. Não tem nada mais entediante que fazer isso. As plateias são enormes, e ninguém se importa com qual banda está no palco. Eu estava começando a superar meu vício em drogas, ou tentando lutar contra ele, e foi demais para absorver. No restante do ano fiquei pensando em desistir ou mudar nosso nome. Mas, como ainda gosto muito de tocar com Krist e Dave, não conseguia ver a possibilidade de nos separarmos devido à pressão do sucesso. Seria patético, sabe? Fazer algo assim.

É esquisito. Não sei se, quando tocamos ao vivo, há uma conexão consciente entre Krist, Dave e eu. Geralmente nem percebo que eles estão lá; estou no meu mundinho. Por outro lado, não estou dizendo que não me importo se eles estão lá ou não, ou que eu poderia contratar músicos profissionais, nada disso.

SAVAGE: Sei que não seria o mesmo. Para mim, a banda original é você, Krist e Dave.

COBAIN: Eu considero essa a banda original também, porque foi a primeira vez que tivemos um baterista competente. E, por algum motivo, eu precisava de um baterista bom e confiável. Há muitas bandas que eu amo que têm bateristas terríveis, mas um baterista terrível não daria certo para nossa música. Pelo menos, não daria certo para a música que compus até agora.

SAVAGE: Vocês não saem em turnê há um ano, desde a turnê *Nevermind*.

COBAIN: Eu estou me recuperando.

SAVAGE: Por que o problema com as drogas surgiu? Elas simplesmente estavam por perto?

COBAIN: Eu estava usando heroína há cerca de um ano, intermitentemente. Tenho um problema no estômago há uns cinco anos. Houve momentos, especialmente durante a turnê, em que eu me sentia como um viciado em drogas – apesar de eu não ser – porque estava faminto [como consequência do problema no estômago] e não conseguia entender o que estava errado comigo. Eu tentei todo tipo de tratamento. Mudança de dieta, remédios, tudo... exercício, parar de beber, parar de fumar – e nada dava certo. Eu apenas decidi que, se vou me sentir como um viciado toda manhã e vomitar todo dia, porra, pelo menos vou usar uma substância que elimina a dor. Não posso dizer que esse é o motivo principal de eu ter usado, mas tem muito a ver com isso. Tem muito mais a ver com isso do que a maioria das pessoas imagina.

SAVAGE: Você descobriu o que era o problema no estômago?

COBAIN: Não.

SAVAGE: E você ainda tem isso?

COBAIN: De vez em quando. Mas, por algum motivo, foi embora. Acho que é algo psicossomático. Minha mãe teve isso por alguns anos, quando tinha vinte e poucos anos, e acabou indo embora. Ela ficava no hospital o tempo todo por conta disso.

SAVAGE: Você está se sentindo um pouco melhor agora?

COBAIN: Sim, especialmente no último ano, desde que me casei e tive minha filha, meus estados físico e mental melhoraram quase 100%. Estou muito animado para sair em turnê de novo. Não me sinto tão otimista desde logo antes do divórcio dos meus pais.

SAVAGE: Você ficou triste de ter começado essa banda, tocar essas músicas incríveis e, de repente, um monte de coisas esquisitas começa a surgir na mídia?

COBAIN: Sim, me afetou ao ponto de eu querer acabar com a banda o tempo todo.

SAVAGE: O pior foi o artigo da *Vanity Fair*? [A edição de setembro de 1992 da *Vanity Fair* insinuou que a esposa de Cobain, Courtney Love, estava usando heroína durante a gestação de sua filha, Frances.]

COBAIN: Foi o que começou. Provavelmente surgiram mais uns 50 artigos com base nessa história. Eu nunca tinha ligado para a imprensa ou para a mídia antes, então não estava ciente de que pessoas eram atacadas e crucificadas nesse nível. Só imagino que fomos uma válvula de escape, de alguma forma. Tenho muita animosidade pelos jornalistas e pela imprensa, no geral. Porque está acontecendo comigo, é claro, provavelmente estou exagerando, mas não consigo pensar em outro exemplo de uma banda atual que tenha recebido mais artigos negativos escritos sobre eles.

SAVAGE: E qual você acha que é o motivo disso?

COBAIN: Boa parte disso é apenas machismo. Courtney é minha esposa, e as pessoas não conseguem aceitar o fato de que estou apaixonado, de que eu poderia ser feliz. Porque ela é uma pessoa tão poderosa e ameaçadora, todos os machistas da indústria simplesmente se uniram e decidiram acabar conosco.

SAVAGE: Vamos falar sobre *In Utero*. Para mim, soa claustrofóbico.

COBAIN: Acho que sim. O principal motivo de termos gravado o novo disco, *In Utero*, com [o produtor] Steve Albini é que ele consegue gravar um som que soa como se a banda estivesse em um ambiente do tamanho deste em que estamos agora. *In Utero* não parece que foi gravado em um teatro, ou que está tentando soar gigantesco. É bem na sua cara, genuíno.

Tecnicamente, aprendi que a forma de conseguir isso é utilizando muitos microfones. Já sabia disso há anos, desde que comecei a gravar, porque microfones são tão direcionais que, se você quer um som ambiente, precisa usar muitos canais. Ou você precisa usar um microfone omnidirecional, mais longe que os instrumentos, para captar a reverberação das paredes.

SAVAGE: Quantos microfones vocês usaram em *In Utero?*

COBAIN: Não tenho ideia, mas muitos. Tínhamos microfones alemães enormes presos com fita ao chão, ao teto e às paredes – por toda parte. Tento convencer produtores a fazer isso desde que começamos a gravar. Não sei nada a respeito de gravações, mas parece tão óbvio, para mim, que é isso que você precisa fazer. Tentei convencer Butch Vig [o produtor de *Nevermind*] a fazer isso, tentei convencer Jack Endino [produtor da gravadora Sub Pop] a fazer isso, e todo mundo dizia, “Não é assim que se grava”. Steve Albini comprovou a teoria para mim, com essas músicas, apesar de eu não saber exatamente como ele fez isso; só sei que precisava ser feito dessa forma. Ele deve ter usado muitos microfones. É simples assim. E é por isso que gravações ao vivo de bandas punk soam tão boas. Você consegue sentir o que está acontecendo.

SAVAGE: Vocês regravaram alguma das músicas?

COBAIN: Não. Nós remixamos algumas porque os vocais não estavam altos o bastante. Steve é um bom engenheiro de gravação, mas terrível com mixagem, na minha opinião. Para mim, a mixagem é como fazer palavras cruzadas, algo assim. É como matemática, ou algo muito técnico. É algo que te esgota; você precisa se concentrar muito no trabalho. Há tantas variações nos tons de cada instrumento que você pode levar dias para mixar uma música se você quer ser bem meticuloso com ela. Eu sou totalmente a favor de apenas gravar e, do jeito que sair na fita, é o jeito que deve ser. Mas, para algumas músicas, não dá certo.

SAVAGE: Eu gostei muito das músicas lentas de *In Utero*.

COBAIN: Elas ficaram muito boas, e a técnica de gravação de Steve Albini fez muito bem às músicas; dá para ouvir a ambientação delas. Foi perfeito. No entanto, para "All Apologies" e "Heart-Shaped Box", precisávamos de mais. Minha principal reclamação era que os vocais não estavam altos o suficiente. Em todas as mixagens de Albini que já ouvi, os vocais estavam sempre muito quietos. É apenas o jeito que ele gosta, e é muito difícil convencê-lo a fazer de outra forma. Quero dizer, ele estava tentando mixar cada música dentro de uma hora, mas não é assim que as músicas funcionam. Deu certo para algumas músicas, mas não para todas elas. Você deve ser capaz de fazer algumas mixagens diferentes e escolher as melhores. Nunca achei que eu gostaria de falar sobre o lado técnico da gravação. Nunca fazia sentido para mim. Mas, agora, acho que é um assunto legal, até.

SAVAGE: Você parece estar em uma situação muito boa. Mesmo que o disco não venda bem, você fez o disco que queria fazer.

COBAIN: Sem dúvida. Cara, é por isso que estou tão animado com esse disco. Eu quero divulgar esse disco, não para vender discos, mas porque tenho mais orgulho desse disco do que qualquer outra coisa que já fiz. Finalmente chegamos ao som que sempre ouvi na minha cabeça.

SAVAGE: Vocês não tinham esse som no *Nevermind*?

COBAIN: De forma alguma. A produção é límpida demais. Não escuto discos assim em casa. Não consigo ouvir aquele disco. Gosto de muitas das músicas, gosto muito de tocar algumas delas ao vivo. Em um sentido comercial, acho que é um disco muito bom, tenho que admitir isso, mas de uma forma meio

Cheap Trick. Mas, para o meu prazer auditivo, sabe, o som é limpo demais.

SAVAGE: Como você canta? Porque você usa várias vozes...

COBAIN: Na maior parte do tempo, eu canto direto do meu estômago. Direto de onde sinto a dor no meu estômago.

SAVAGE: É de lá que a dor e a raiva vêm?

COBAIN: Certamente é de lá. Em todas as endoscopias que tive, acharam uma irritação vermelha no meu estômago. Mas é psicossomática; é tudo da raiva. E dos gritos. Meu corpo foi danificado pela música de duas formas: além de meu estômago estar inflamado da irritação, eu tenho escoliose. Eu tinha um pouco de escoliose no ensino fundamental, e, como toco guitarra desde aquela época, o peso da guitarra tem feito minhas costas se curvarem. Portanto, quando eu fico de pé, tudo fica meio de lado. É esquisito.

SAVAGE: Você podia examinar isso.

COBAIN: Eu vou a um quiroprático de vez em quando. Não tem como corrigir a escoliose de verdade, porque é um crescimento da coluna. Sua coluna cresce durante a adolescência de um jeito curvado. A maioria das pessoas têm uma pequena curvatura em suas colunas, mas algumas pessoas têm que usar aparelhos de metal. Tenho dor nas costas o tempo todo por causa disso. Isso realmente se soma à dor na nossa música. Me sinto um tanto grato por isso.

SAVAGE: Você sente que há alguma contradição entre seus ideais e seu sucesso enorme? É algo que te preocupa?

COBAIN: Não sei mais. Acho que eu provavelmente me sentia mais contraditório há um ano e meio, porque estava cegamente lutando e não sabia mais por que lutar. E, até um certo ponto, ainda estou. Como eu disse, não sei mais como lidar com a mídia. Um ano atrás, eu disse que não havia forma alguma de eu falar em público novamente, e que eu faria questão de nunca mostrar meu rosto de novo. Mas eu decidi que não deixaria um punhado de jornalistas malignos mandarem na porra da minha vida.

Fico grato que, no último ano, conheci algumas pessoas que são jornalistas e em quem posso confiar para conversar.

SAVAGE: Talvez agora fosse um bom momento para comentar alguns dos boatos que te atormentaram. Quando *Nevermind* saiu, havia relatos de que você era narcoléptico.

COBAIN: Não, não. Foi apenas uma história que inventei para explicar por que eu dormia tanto. Eu costumava dormir muito antes dos shows. Muitas vezes, os bastidores são um lugar tão nojento que não quero conversar com ninguém. Então, apenas durmo. Agora conhecemos tantas pessoas, tantos amigos e tal, que não posso pedir para eles irem embora. Não quero agir como Axl Rose e ter meu próprio ônibus ou meu próprio ambiente nos bastidores.

SAVAGE: Falando em Axl, qual é a história por trás de sua discussão com ele nos bastidores do MTV Video Music Awards de 1992?

COBAIN: Bem, aparentemente, Axl estava muito de mau humor. Algo o irritou, provavelmente alguns minutos antes de nosso encontro com ele. Estávamos no refeitório, e eu estava carregando minha filha, Frances, aí ele veio com cinco de seus guarda-costas enormes, e uma pessoa com uma câmera de cinema. Courtney perguntou, brincando, "Axl, você poderia ser o padrinho de nossa filha?". Todo mundo riu. Alguns amigos estavam perto de nós, e ele parou na hora e começou a gritar palavras abusivas para nós. Ele me disse que eu deveria calar a boca da minha vadia, então olhei para Courtney e disse, "Cale a boca, vadia, ha!". Todo mundo gargalhou, e Axl ficou vermelho e foi embora. Depois, ouvimos dizer que Duff [McKagan, baixista do Guns N' Roses] queria quebrar a cara do Krist.

SAVAGE: Eu achei ótimo quando Krist bateu o baixo na cabeça dele no fim da performance daquela noite. Vocês estavam tentando ser legais e quebrar seus instrumentos, e ele errou feio – foi muito bom!

COBAIN: Isso já aconteceu tantas vezes.

SAVAGE: Um final impressionante, e vocês ficaram com cara de bobos, mas isso também foi bom.

COBAIN: Era de se esperar, sabe? Deveríamos apenas sair do palco, ou deveríamos quebrar nosso equipamento de novo? Passamos por tantas emoções naquele dia, porque, até alguns minutos antes de tocarmos, não tínhamos certeza se poderíamos. Queríamos tocar "Rape Me", e a MTV não nos deixou. Eles iriam nos substituir se não tocássemos "Teen Spirit". Achamos um meio-termo e acabamos tocando "Lithium". Eu cuspi no teclado de Axl quando estávamos no palco. Ou eu fazia isso, ou batia nele. Estávamos em uma plataforma hidráulica que nos desceria até o palco, sabe? Eu vi o piano dele lá, e precisava aproveitar a oportunidade de encher o teclado dele de catarro. Espero que ele não tenha limpado a tempo.

SAVAGE: Me diga, eu preciso perguntar sobre a história da arma. Foi tudo mentira? [Em 4 de junho de 1993, a polícia chegou à casa de Cobain após ser chamada para separar uma briga doméstica. Love disse aos policiais que eles estavam discutindo sobre a presença de uma arma na casa.]

COBAIN: Ah, sim. Mentira total. Foi outra coisa que me deu vontade de desistir. Eu nunca estrangulei minha esposa, mas todos os relatos, até da *Rolling Stone*, disseram que fiz isso. Courtney estava usando uma gargantilha. Eu a arranquei dela, e apareceu no boletim de ocorrência que eu tinha estrangulado ela. Nem estávamos brigando. Nem estávamos discutindo, apenas tocamos música alto demais, e os vizinhos reclamaram e ligaram para a polícia. Foi a primeira vez que reclamaram, e já ensaiamos na casa há um bom tempo.

SAVAGE: É como as pessoas esperam que você se comporte, por ser um rock star controverso.

COBAIN: Mas a polícia foi muito legal com a situação. Eu mal podia acreditar. Tem uma lei nova, que foi aprovada este mês, em Seattle, que diz que, quando há uma reclamação de violência doméstica, eles precisam levar uma das pessoas para a cadeia. Então a única briga que Courtney e eu tivemos foi a respeito de quem iria para a cadeia por algumas horas. Então eles nos perguntaram, do nada, "Há alguma arma na casa?". Eu disse que não, porque eu não queria que eles soubessem que *havia* armas na casa. Eu tenho uma M16 e duas pistolas. Ficam guardadas, sem balas, ficam no closet. Mas as levaram. Eu posso recuperá-las agora. Ainda não me dei ao trabalho de recuperá-las, mas foi uma situação tão ridícula. Foi por nada. E tiraram de proporção. É, tipo, eu sinto que as pessoas não acreditam em mim. Como se eu fosse um mentiroso patológico. Eu estou constantemente defendendo a minha pessoa. Os outros ainda não evoluíram ao ponto de duvidar de qualquer coisa que seja impressa. Também sou muito ruim nisso. Ainda não acredito em muitas das coisas que leio.

SAVAGE: Mas você deve se comportar mal às vezes.

COBAIN: É claro. Courtney e eu brigamos. Discutimos muito. Mas nunca estrangulei minha esposa. É uma merda terrível para se dizer na imprensa, para alguém pensar sobre você. Sabe, não tivemos nenhum problema, nenhum relato ruim, nada negativo escrito a respeito de nós há um bom tempo. Achamos que finalmente tínhamos superado isso – que nossa maldição tinha se desgastado até sumir.

SAVAGE: Também deve ser porque algumas pessoas te veem como uma ameaça.

COBAIN: Eu acho que Courtney é uma ameaça bem maior que eu.

SAVAGE: Quais foram as piores tentações geradas pelo teu sucesso?

COBAIN: Nada que eu consiga pensar agora, exceto, talvez, o Lollapalooza. Eles nos ofereceram uma garantia de, tipo, seis milhões de dólares, e isso é muito mais dinheiro que... Não vamos ter prejuízo nesta turnê porque estamos tocando em teatros, e a produção fica tão cara nesse nível. Mas, além disso, nunca vi as ofertas do Guns N' Roses, Metallica ou U2 como genuínas. Nunca pareceram reais para mim.

SAVAGE: Então, quais são os planos para *In Utero*? Quanto vai durar a turnê de divulgação?

COBAIN: Vamos fazer umas seis semanas de turnê nos EUA, começando em outubro. Depois, não quero me comprometer com nada até vermos como eu me sinto fisicamente após isso. Talvez façamos uma turnê na Europa. Tenho certeza de que divulgaremos esse disco na Europa dentro de um ano, mas não sei ao certo quando. Não quero agendar um ano inteiro de turnês.

SAVAGE: Parece haver uma certa tensão, no sentido de que você se definiu como alguém influenciado pelo punk, mas o punk diz que não é legal fazer sucesso. Você sentiu essa tensão, e ela causou algum problema para você?

COBAIN: Não era assim que eu via o punk do começo do movimento. Eu achava que os Sex Pistols queriam dominar o mundo, e eu estava torcendo por eles. Mas o punk rock americano dos meados dos anos 1980 tornou-se totalmente estagnado e elitista. Foi muito broxante para mim. Eu não gostei nem um pouco disso. Mas, ao mesmo tempo, eu estava pensando há um bom tempo que eu tinha dificuldades em aceitar o sucesso. Agora, não me importo. Não posso fazer nada a respeito disso. Não vou lançar um disco ruim de propósito. Isso seria ridículo. Mas eu provavelmente teria feito isso um ano e meio atrás – eu faria questão de que o novo disco fosse ainda mais barulhento do que já é. Sei que não teremos a margem de lucro – milhões de pessoas que não gostam de música, que só gostam da nossa banda como uma forma de conseguir transar. Mas fizemos esse disco do jeito que queríamos. Fico feliz com isso.

SAVAGE: Fiquei um pouco preocupado de você cair na armadilha, porque não é interessante.

COBAIN: Isso acaba com o propósito de fazer música. Já me sinto aprovado além do que poderia imaginar. Mas poderia tranquilamente voltar a esgotar o Vogue em Seattle, com capacidade de umas 300 pessoas. Tranquilamente voltarei a tocar para 20 pessoas – se ainda estiver a fim disso.

COBAIN SOBRE COBAIN

ENTREVISTA REALIZADA
POR EDGAR KLÜSENER

10 de agosto de 1993

EDGAR KLÜSENER: Acho que a faixa bônus do CD, "Gallons of Rubbing Alcohol Flow Through the Strip", soa muito espontânea. Vocês a gravaram em apenas uma tomada?

DAVE GROHL: Qual música é essa? É aquela com órgão?

KURT COBAIN: Improvisamos essa música na hora. Eu comecei a tocar guitarra, aí Krist e Dave começaram a tocar juntos, daí, enquanto gravávamos, eu inventei a letra.

KRIST NOVOSELIC: É essa aí. Gravamos essa música no Rio de Janeiro.

GROHL: Ah, sim.

NOVOSELIC: Em um pequeno estúdio BMG B que não era usado há uns seis anos, e eles têm uma mesa de som Neve. Eles tiraram a poeira dela, nós plugamos e começamos a brincar com o som. E fizemos essa música; foi totalmente espontânea. Foi um negócio assim.

KLÜSENER: Sim, dá para sentir isso.

NOVOSELIC: Foi livre associação.

KLÜSENER: E o que diabos esse título quer dizer?

NOVOSELIC: *In Utero*? Eu acho que tem, tipo, a fertilização in vitro, aí tem a concepção...

KLÜSENER: Não, quero dizer o título da música.

NOVOSELIC: Ah, "galões de álcool 70... irão limpar as ruas"?

COBAIN: Acho que é nosso desgosto pela cena de laquê do Guns N' Roses e do Poison que estava acontecendo em Los Angeles alguns anos atrás.

KLÜSENER: Outra coisa que eu descobri... Ah, não, uma pergunta antes: é verdade que vocês gravaram isso em uma máquina de oito canais?

GROHL: Não, isso não é verdade.

COBAIN: Foi em fita de 24 canais. A mesma mesa de som que gravou *Back In Black*, do AC/DC.

KLÜSENER: E como é a história de que algumas músicas foram remixadas?

COBAIN: Duas músicas foram remixadas.

KLÜSENER: Quais foram?

COBAIN: "Heart-Shaped Box" e "All Apologies". Porque o vocal não estava alto o suficiente e eu queria colocar uns vocais de harmonia no fundo, algo que eu não fiz enquanto gravávamos com Steve [Albini], então pedimos ao [produtor] Scott Litt que viesse e trabalhasse nisso. Levou um ou dois dias.

NOVOSELIC: Sim. Completo.

KLÜSENER: Mas eu percebi isso, não apenas neste disco, mas nos discos anteriores também: há algumas harmonias e melodias muito refinadas nele. O que me leva a perguntar: algum de vocês estudou música?

COBAIN: De maneira alguma.

GROHL: Acho que nenhum de nós.

COBAIN: Eu não tenho qualquer noção de como ser um músico, nada. Quero dizer, eu não sei os nomes dos acordes que toco; eu não sei como fazer acordes maiores e menores na guitarra, de jeito nenhum. E eu nem conseguiria passar num curso básico de guitarra – nem as coisas mais básicas, sabe? Todo mundo sabe mais que eu.

NOVOSELIC: Eu fiz aulas de acordeão quando era pequeno.

GROHL: Eu tocava trombone, quando tinha uns oito anos, acho.

COBAIN: Eu tocava caixa na fanfarra da escola, durante o ensino fundamental. Eu nunca aprendi a ler partitura. Eu só copiava as pessoas que se dedicavam a aprender a ler, e era tão simples, sabe? Bum pá bum pá bum pá-pá pá pá...

GROHL: Ele é um bom baterista...

COBAIN: E eu apenas os copiava, sabe, só para passar de ano. Mesmo nessa idade, eu não via motivo para aprender qualquer coisa que outra pessoa tivesse escrito. Se você precisa se basear em um texto, você é bem limitado.

KLÜSENER: Você se considera mais um compositor ou um guitarrista?

COBAIN: Ah, compositor. Não tenho vontade de me tornar um guitarrista melhor. Não tenho mesmo. Não me interesso em proficiência musical. Não tenho respeito por isso, simplesmente odeio. Aprender a ler partitura, ou entender arpejos e modos dóricos, essas coisas, é um desperdício de tempo. Atrapalha a originalidade.

KLÜSENER: Você gosta do Leonard Cohen?

COBAIN: Aham.

KLÜSENER: E há outros artistas que você poderia citar como uma influência, ou pessoas que te impressionaram com o que fizeram?

COBAIN: Bem, sim. A maioria é do punk rock do começo ou do fim dos anos 1980. Punk rock americano e punk rock inglês do fim dos anos 1970 têm muito a ver com as coisas que eu curtia. Eu fiquei imerso nessa cena por tanto tempo que nunca neguei as influências que tinha antes.

KLÜSENER: E escritores, como compositores ou poetas?

COBAIN: É, acho que Beckett é meu favorito. Gosto muito dele.

KLÜSENER: Às vezes, quando eu leio ou escuto as letras, me parece que você foi inspirado pelos escritores Beat, especialmente Burroughs.

COBAIN: Sim, Burroughs é o rei, claro! Eu tive a oportunidade de gravar um disco com ele, um single de dez polegadas.

KLÜSENER: Você vai fazer um?

COBAIN: Ele já foi lançado. Ele leu um trecho de um poema chamado "The 'Priest' They Called Him", e eu toquei guitarra no fundo, fiz um monte de barulho.

KLÜSENER: E como esse cara é?

COBAIN: Então, ele... Eu não sei. Eu nunca o encontrei. [*Risos*] Eu poderia ter conversado com ele outro dia. Era para eu fazer isso... tinham marcado uma reunião, ele ia ligar para mim, porque queríamos que ele aparecesse no nosso próximo clipe. Não por conta de nossa associação com ele, nada disso – porque eu não quero que ninguém pense que eu quero ter uma amizade com William Burroughs por conta dos meus problemas antigos com drogas ou por conta do meu respeito por ele, nada disso. O principal motivo para querermos sua participação no clipe é porque ele é um tipo esquisito, sabe? Queríamos um cavalheiro de idade no nosso clipe, para fazer algumas coisas, mas percebemos que as coisas que queríamos que essa pessoa mais velha fizesse... Seria um pouco humilhante pedir que William Burroughs as fizesse. Queríamos uma pessoa na cruz, e numa cama de hospital, coisas assim. E seria insultante demais pedir que ele fizesse isso, então eu cancelei a ligação. Quero dizer, seria minha chance de conhecê-lo. Trocamos cartas por fax, e temos respeito mútuo pelo que cada um faz, mas eu nunca tive a oportunidade... Quero dizer, além disso, eu não me dei ao trabalho de conhecê-lo. Mas eu ainda quero.

KLÜSENER: Sim, ele deve ser um cara muito legal. Eu adoraria conhecê-lo um dia.

COBAIN: Sim. A carta dele foi muito legal.

KLÜSENER: Em uma ou duas músicas dá para ouvir um violoncelo ou alguns arranjos de cordas. Isso foi tocado ao vivo?

COBAIN: Não, pedimos para ela gravar após as partes básicas das faixas já estarem prontas, e pedimos para ela tocar junto com a gravação.

KLÜSENER: É a mesma violoncelista que tocou com vocês em Nova York?

COBAIN: Não, essa violoncelista era a namorada do Steve Albini na época. Foi apenas uma questão de conveniência. Por acaso, ela tocava violoncelo, e precisávamos de um, então ela foi lá. Ela foi ótima, fez um trabalho muito bom.

KLÜSENER: Outra pergunta, de novo para o Kurt: Já que você é canhoto, você tem dificuldade em achar a guitarra certa?

COBAIN: Geralmente, sim. É um pouco mais fácil agora porque eu tenho um patrocínio da Fender. Eles estão fazendo Mustangs canhotas para mim, então é muito mais fácil. Costumava ser um pé no saco. Quando estávamos nas nossas duas primeiras turnês, eu só tinha uma guitarra, e ela precisava ser barata – sabe, uma guitarra de 30 dólares de uma loja de penhores –, e eu acabava quebrando ela depois do show. No dia seguinte, eu ficava obcecado tentando achar uma loja de penhores e gastar os poucos dólares que tínhamos em uma guitarra nova. Aí precisávamos inverter as cordas e tentávamos regular por conta própria. O resultado era uma experiência bem desafinada e vulgar durante aqueles primeiros anos.

NOVOSELIC: Era um pé no saco tentar achar uma guitarra.

COBAIN: Sim, era, tipo, o maior dilema do dia.

NOVOSELIC: Essa aqui vai dar certo virada para a esquerda, sim, o corte – essa parte aqui está um pouco desgastada...

COBAIN: Era um trabalhão.

NOVOSELIC: Os botões ficam em cima.

COBAIN: Na verdade, até construímos algumas Mustangs uma vez. Compramos uns braços e pegamos pedaços de madeira e cortamos os corpos da guitarra, colocamos os braços, e ficavam completamente desafinadas o tempo todo – mas fizemos um bom trabalho.

NOVOSELIC: Tínhamos uma linha de montagem na garagem, pendurávamos e pintávamos as guitarras e tal. [*Risos*]

KLÜSENER: Você usou umas guitarras bem incomuns no palco. Foram essas que vocês construíram?

COBAIN: Hum, acho que não. Todas elas foram destruídas em uma turnê. E isso faz uns quatro anos, pelo menos. As que eu uso agora são... Eu uso a mesma Jaguar com frequência, e várias Mustangs. E eu pedi para a Fender construir uma guitarra especial para mim que é uma mistura da Mustang e da Jaguar, pode ser que fique interessante.

KLÜSENER: Você deu instruções a eles do que você queria?

COBAIN: Sim, eu tirei uma foto de uma Jaguar com uma câmera Polaroid, e uma foto de uma Mustang, aí cortei-as no meio, colei-as e disse, "Construam isto".

KLÜSENER: Este disco, *In Utero*, está voltando ao som do *Bleach*. E você disse, meses atrás, que quer se livrar de alguns dos fãs que vieram do lado mais pop. Você acha que vai conseguir isso? Ou será que o nome Nirvana ficou tão grande que os fãs compram qualquer coisa, independentemente do seu som?

COBAIN: Eu não sei. Acho que não, porque, quando lançamos o *Incesticide*, ele não vendeu muito bem. Não vendeu nem centenas de milhares de cópias, sabe?

NOVOSELIC: Não queremos excluir nenhuma pessoa, nem nada, sabe?

COBAIN: Não, nós não estamos tão preocupados com isso quanto estávamos antes. Não é...

NOVOSELIC: Acho que foi um pouco reacionário, passar por todo esse negócio de fama e fortuna e fazer declarações como aquela...

COBAIN: Você não pode fazer nada a respeito, sabe? Você pode fazer um show de cabaré e tirar sarro do seu sucesso, ou apenas lidar com ele.

KLÜSENER: Eu acho que, especialmente no começo, devia ser difícil lidar com isso.

COBAIN: Sim, era mesmo, porque estávamos muito preocupados em perder o público que já gostava de nós. Ainda queríamos essas pessoas, porque sentíamos que nos identificávamos com elas de alguma forma. Quero dizer, é o tipo de gente com quem temos interesses em comum, e são nossos amigos. Então ficamos muito preocupados com isso. Acho que não perdemos muitos deles, então não importa mais. Contanto que eles estejam lá, podemos apenas ignorar os idiotas no fundo, desde que eles não causem problemas. Esta era outra preocupação nossa: caso tivéssemos um público mais casual, teríamos muitos problemas nos shows com machões batendo em garotas, começando brigas, coisas assim. Sabe, as coisas que você tipicamente vê em um show do Van Halen. Não queríamos ter que lidar com algo assim.

KLÜSENER: Às vezes vocês sentem que perdem intensidade quando tocam nessas arenas enormes ou casas de show grandes?

COBAIN: Eu percebo que não me divirto tanto quanto me divertia tocando em clubes ou teatros. O maior exemplo disso foi quando tocamos na Europa, em todos aqueles festivais ao ar livre. Foi péssimo para mim. Eu odiei aquilo. Krist e Dave estavam a uns 10 metros de mim, sabe? Era, tipo, [*acenando*] "Oi!", não fazia sentido. Por isso, vamos mudar algumas coisas na nossa configuração de palco para aliviar alguns desses problemas. Vamos ficar mais perto nesses palcos grandes. Se isso estragar a parte visual para quem estiver na plateia... bem, que pena. Pelo menos vamos tocar melhor e nos divertir.

NOVOSELIC: Tocamos para 100.000 pessoas em São Paulo, no Brasil, e eu vi uma filmagem do fundo do estádio. Parecíamos formiguinhas no palco. Tipo, quem é aquele cara ali? Eu imagino como as pessoas se sentem a respeito disso.

GROHL: Também acho que nossa música não se encaixa bem nesse tipo de situação, porque as pessoas não conseguem sentir a energia que está no palco. Porque estão tão longe.

COBAIN: Quase que dá para entender por que tantos vocalistas de bandas de rock de arena têm um diálogo com a plateia. Eles ficam perguntando, "E aí, como vocês estão? Como está o pessoal lá no fundão?". Coisas assim. "Todo mundo está bem?"

NOVOSELIC: "Estão prontos para um rock?" [*Grohl ri*]

COBAIN: Porque essa é praticamente a única coisa que dá para entender quando a voz de alguém sai pelo PA na frente de 100.000 pessoas. É difícil de se adaptar a isso porque simplesmente não conseguimos fazer coisas assim, não conseguimos ser tão ridículos.

NOVOSELIC: Quando você faz shows, acaba sentindo um negócio com a plateia, um sentimento recíproco, uma energia. Não sei como isso se transforma, comparando 3.000 pessoas com 100.000 pessoas, sabe? A matemática é bem doida.

COBAIN: Precisamos de uma seção de metais.

KLÜSENER: Vocês pensam em trazer um segundo guitarrista outra vez?

COBAIN: Sim, contratamos o Pat Smear, que era do Germs. Ele está sendo ótimo.

NOVOSELIC: Ele tem uma boa energia. Acho que ele vai acrescentar isso à banda, ao vivo. Se um de nós estiver meio preguiçoso em algum show, acho que podemos contar com ele para manter a energia alta.

COBAIN: Ele é o motor de reserva.

KLÜSENER: Imagino que isso também facilite teu trabalho?

COBAIN: Sim, facilita. Totalmente me alivia de muitas das coisas desnecessárias em que eu tenho que pensar.

KLÜSENER: Em retrospecto, às vezes vocês se arrependem do sucesso de *Nevermind*?

NOVOSELIC: Eu não.

COBAIN: Não, porque tenho quase certeza de que a maioria das pessoas gostou daquele disco. Então, quanto mais, melhor. Quero dizer, quanto mais pessoas ouvindo sua música e gostando dela, melhor.

GROHL: Se fosse um grande esquema de marketing, eu provavelmente me sentiria culpado quanto a isso. Se fosse um sucesso artificial.

COBAIN: Mas aconteceu de forma orgânica, mais orgânica que qualquer outra coisa em muito tempo.

GROHL: É lisonjeador.

KLÜSENER: Sabe, especialmente no começo, às vezes parecia que até as pessoas da gravadora estavam completamente surpreendidas com o sucesso, que nem elas esperavam isso.

COBAIN: Sim, elas estavam.

NOVOSELIC: Eles enviaram, tipo, 40.000 cópias, e o disco esgotou em um ou dois dias. Aí as pessoas ficaram uma semana sem poder comprar o disco.

COBAIN: É bom saber que você consegue vender seu disco com base apenas na música. Na época que ele virou sucesso, muitas das estações de rádio estavam tocando as músicas antes mesmo de termos um clipe, o que é incomum hoje em dia.

GROHL: Então não são nossos rostos bonitinhos que vendem os discos, é a nossa música.

NOVOSELIC: E isso é tão legal.

COBAIN: É nossa grande habilidade musical.

NOVOSELIC: Eu entro na loja de departamentos Fred Meyer em Longview, Washington – uma cidade minúscula –, e vejo, "Olha, tem Mudhoney, tem Sebadoh, tem Sonic Youth!". Eu penso, "Isso é ótimo!", e antes...

COBAIN: Uns dois anos atrás, isso era impossível.

NOVOSELIC: E os jovens lá são expostos a isso. Eu acho que é muito positivo.

KLÜSENER: É óbvio que vocês também ajudaram muitas outras bandas.

NOVOSELIC: O que aconteceu conosco meio que abriu muitas portas. Acho que estávamos no lugar certo e na hora certa para o rock and roll, porque todos aqueles dinossauros velhos do rock, todas aquelas bandas metidas com laquê estavam apenas sobrevivendo e fazendo a mesma coisa, basicamente emulando o Hanoi Rocks até não dar mais. E apenas estagnou, como a economia soviética, algo assim, entende?

COBAIN: Ficou tão entediante quanto o grunge vai ser daqui a um ano.

GROHL: Fizemos um ensaio fotográfico com um cara para a capa de uma revista, e ele nos contou uma história de como o Bon Jovi chegou para ele com uma camisa de flanela e disse, “Me faça parecer com o Nirvana”. E ele disse, “Como?”.

COBAIN: Nossa. Bem lisonjeador.

GROHL: [*Risos*] Eu sei! O Bon Jovi quer parecer conosco! Você sabe que tem alguma coisa errada aí.

COBAIN: Isso só prova que ele é um bostinha desesperado e sem talento. [*Novoselic e Grohl riem*]

KLÜSENER: Vocês conseguem explicar o seu próprio sucesso?

NOVOSELIC: Explicar? Está tudo nas cartas.

GROHL: É o rolar dos dados.

COBAIN: É muita sorte. Estar no lugar certo, na hora certa.

NOVOSELIC: Acho que isso tudo... Os velhos dinossauros estavam aguentando o máximo possível, e nós tínhamos uma música muito forte. E não havia músicas de rock no primeiro lugar das paradas. Talvez o R.E.M. tivesse uma música, e o Metallica teve um sucesso e tal – mas a mudança precisa acontecer. A mudança faz parte da experiência humana.

GROHL: Eu acho que...

NOVOSELIC: Também, provavelmente seremos coisa velha em breve, e haverá alguma banda jovem e atual fazendo sucesso. E eles provavelmente vão nos detonar por sermos dinossauros, e nós ficaremos na defensiva e já estaremos bem estabelecidos...

COBAIN: Me faça parecer com essa banda nova! [*Risos*]

NOVOSELIC: Pois é. Teremos consolidado nossos relacionamentos com pessoas na MTV, com as gravadoras, com revistas...

GROHL: Teremos pedido desculpas para todo mundo!

NOVOSELIC: Seremos do establishment e, com sorte, alguém virá para... nos matar.

COBAIN: Implorando para aparecer na capa da *Rolling Stone*. "Por favor! Me desculpem!"

NOVOSELIC: Não, porque nós estaremos tão inseridos, tão estabelecidos: "Capa da *Rolling Stone* – vocês querem para quando?" [*Finge cheirar cocaína*] "Toma, outra carreira de pó para você!" [*Cobain e Grohl riem*] Somos totalmente, totalmente terríveis. Estamos fazendo... Estamos nos divertindo com o Arnold Schwarzenegger, pois é.

GROHL: Com o Bruce Willis, no clube novo.

COBAIN: "Ei, Krist, eu virei republicano!" "Ei, eu também!"

GROHL: "Que tal, hein?"

NOVOSELIC: "Bem, era legal até termos que pagar 38% ou 36% em impostos. Minha nossa, sabe, realmente nos ferramos com o Reagan, e agora estamos nos ferrando com o Clinton. Digo que devemos votar para o Pat Buchanan!"

COBAIN: Rush Limbaugh!

NOVOSELIC: Rush Limbaugh, isso. Aquelas feminazis, né?

KLÜSENER: Mas acho que isso deve ser um ponto positivo para vocês, repentinamente envolvidos com um negócio grande de verdade, tipo, financeiramente, a questão de impostos...

COBAIN: Fico feliz em sofrer pra caralho por... Ficarei feliz de gastar mais do dinheiro que eu ganho se ele for colocado nos lugares certos, se for ajudar a economia. Todo mundo deveria sofrer, sabe? Todo mundo deveria começar a usar mais blusas e não depender tanto do aquecedor da casa. Eu não me importava de ficar nas filas para pegar gasolina quando eu era pequeno [durante o mandato de Jimmy Carter]. Eu tinha que ficar no carro e esperar com o meu pai, e ele xingava o Carter o tempo todo – "Que canalha!". A conveniência dos EUA foi destruída...

NOVOSELIC: Ainda criticam muito o Carter.

COBAIN: Sim. Às vezes todo mundo precisa engolir um remédio desagradável para melhorar as coisas, então foda-se.

NOVOSELIC: Estão detonando o Clinton, mas é tipo: você se lembra do Nixon? O Caso Irã-Contras, a Crise de Poupanças e Empréstimos do Reagan? Ninguém fala mais disso, é insano.

KLÜSENER: Vocês acham que a banda tem a chance de mudar algo na mente das pessoas? Fazê-las pensar, ou, pelo menos, transmitir uma mensagem?

COBAIN: Bem, não é um objetivo intencional nosso, ou algo que estamos preparados para fazer. É apenas algo que emula nossas personalidades. Sempre tivemos consciência de coisas políticas, na medida em que nossa capacidade mental suporta, e nós... [*Risos*]

NOVOSELIC: Nós estamos conscientes das coisas, e meio que acaba surgindo, porque sim. É isso que acontece. Não temos uma abordagem de banda política, nada do tipo.

COBAIN: Sempre nos esforçamos muito para não expor uma imagem muito politicamente consciente. Isso atrapalha a música, porque a música é o que mais importa.

NOVOSELIC: E eu também acho que, neste país, onde as pessoas são tão apáticas e ficam tão inconscientes na frente de suas TVs, aí aparece alguém como nós, que tem alguma consciência – e parece que temos muita consciência. Não temos! Sabe o que eu quero dizer? São apenas coisas com as quais nos preocupamos, e simplesmente falamos sobre elas. Só porque falamos sobre elas em casa, ou falamos sobre elas com amigos, aí acabamos falando sobre elas em entrevistas.

KLÜSENER: Vocês já passaram pela experiência em que grupos – como grupos políticos ou sociais – tentam usar vocês ou o sucesso do nome de vocês?

COBAIN: Não, eu não diria que nos usaram. Recebemos algumas ofertas de organizações políticas, como a organização FAIR, que trabalha há anos expondo muitas injustiças e tentando promover verdades em muitas coisas que aconteceram politicamente. É como uma organização esquerdista underground que tenta expor as verdades que são totalmente escondidas pelo *USA Today* e revistas do tipo – sabe, revistas de direita. Muitas vezes, a verdade e os detalhes de uma história nunca são noticiados. É isso que essa organização faz. Então eles nos contataram, e é claro que queremos fazer algo para ajudá-los porque... Eu não diria que tentaram tirar vantagem de nós dessa forma.

NOVOSELIC: FAIR significa "*Fairness and Accuracy in Reporting*" ["Justiça e Precisão na Comunicação"]. Acho que eu tenho muita consciência do que está acontecendo na mídia, pois somos parte da mídia, sabe? Aí eu vejo a forma como a imprensa responde, e falam tudo sobre o presidente estar em Waco, Texas, ou sobre Amy Fisher. É muito interessante. Tem muitos palhaços por aí que apenas... Eles são formadores de opinião. As pessoas não pensam por conta própria, então eles [da mídia] têm uma responsabilidade enorme, e estão basicamente a explorando. E aqui temos um grupo que gosta de verdade, de realidade, sabe?

KLÜSENER: Voltando...

NOVOSELIC: Onde estávamos? Rock and roll!

KLÜSENER: Após toda a experiência que vocês tiveram com a mídia ao redor do mundo, vocês ainda acreditam no que leem? Ou no que veem na TV?

NOVOSELIC: Nunca.

COBAIN: Nunca. Eu nunca acreditava antes, mas acredito ainda menos agora. Eu sei que nem tenho o direito – é a única coisa que aprendi, eu não tenho o direito de formar uma opinião sobre qualquer coisa que eu li ou vi na TV até eu ir à porra da fonte por conta própria, em pessoa. Minha atitude mudou tanto nos últimos anos, principalmente por conta das merdas que escreveram sobre nós. Agora eu nem me vejo tendo muitas opiniões sobre bandas, ou as criticando, ou me esforçando para gostar delas, ou tendo qualquer tipo de expressão sobre elas, porque eu não conheço essas pessoas. O Bon Jovi pode muito bem ser uma das pessoas mais legais do mundo. A música dele é uma merda, mas eu nem quero me dar ao trabalho de expressar esse tipo de opinião agora, porque eu sei que há pessoas, provavelmente nesta cidade, agora, falando sobre nós. "Então, eu ouvi dizer que o Krist Novoselic, sabe, blá-blá-blá..."

NOVOSELIC: "Com o cachorro dele!"

COBAIN: "Com o cachorro da avó dele! E ele tinha Aids!"

NOVOSELIC: A propósito, isso não é verdade.

KLÜSENER: Às vezes isso também afeta sua vida privada? Quero dizer, seus amigos ou suas famílias vão ler essas matérias sobre vocês.

NOVOSELIC: Sim. É esquisito falar com os avós da sua esposa, e eles mencionam alguma coisa, aí você fica, tipo, "Cara, isso não está nem perto da verdade!". E você precisa explicar a eles que as pessoas têm pautas diferentes, cada escritor tem sua própria perspectiva, e talvez o editor daquela revista tenha uma pauta, entende? E você está à mercê deles, basicamente, então o máximo que pode fazer é ser o mais honesto possível, sorrir e aguentar firme.

KLÜSENER: Francamente, o que me surpreendeu, apesar de eu trabalhar na mídia, é que saíram algumas revistas que me fizeram pensar, "Ok, o que eles imprimem pelo menos é bem-pesquisado, como a *Newsweek*, nos EUA, que recebemos na Alemanha". Eu fiquei bem confuso quando descobri que até eles inventavam matérias.

COBAIN: Isso aí.

NOVOSELIC: Eu fiquei surpreso com a *Newsweek*. Eu achava que eles eram de outro nível.

COBAIN: Eu não me surpreendi nem um pouco. Nenhuma revista tem ética. Não há qualquer revista...

NOVOSELIC: Revista popular...

COBAIN: Sim, revista popular, que deixaria de imprimir uma matéria boa. Eles querem vender revistas. Eles estão no ramo do entretenimento.

NOVOSELIC: Sim, a questão é exatamente essa.

COBAIN: E eles usam política como uma merda de ferramenta de mentirinha para vender suas revistas.

NOVOSELIC: Isso, isso.

KLÜSENER: Mas, nesse caso, eu achei que era o tipo de revista que teria uma reputação a perder.

NOVOSELIC: Acho que vamos ter que chamar o David Gergen para opinar.

COBAIN: Mas ninguém está desafiando essas revistas. Não há leis de proteção contra coisas falsas que são escritas sobre celebridades. Processos de difamação são uma farsa. Basicamente, um processo de difamação é apenas um desafio entre duas pessoas que têm muito dinheiro. Quem tiver mais dinheiro, ganha. E se você for contra a Condé Nast ou alguma outra corporação grande que tem um monte de revistas, e uma delas é a revista que escreveu alguma merda sobre você, eles vão praticar obstrucionismo por anos, e você gastará centenas de milhares de dólares enquanto os desafia. E você vai acabar perdendo, então, na verdade... Você nem pode chegar na primeira etapa, de entrar com um processo de difamação. É um desperdício de tempo.

NOVOSELIC: É uma loucura, todos os relacionamentos entre as pessoas – as bandas e as gravadoras, entre as revistas, coisas assim. Aí aparece alguém tipo... O Bill Clinton estava tendo dificuldades, então ele contratou David Gergen, que começou a fazer festas para a imprensa que cobria política, e começou a amaciar as pessoas, porque tinha bons relacionamentos. E veja só, Washington começou a divulgar boas notícias a respeito de Clinton. Essa é uma percepção artificial, não é real, é uma farsa, entende? O que importa é que tem propagandas da vodca Stoli e da Marlboro na contracapa. Desde que eles recebam esse dinheiro, tudo o que acontece antes do pagamento não importa tanto. É a mesma coisa com a televisão. Por isso, vamos começar nossa própria revista. Ela vai se chamar *Nirv-racker*.

KLÜSENER: A *Nirv-racker*. É um bom nome, de qualquer forma.

NOVOSELIC: Cheia de assassinatos de reputações, tanto à esquerda quanto à direita. Vamos bajular as pessoas. Quem mais molhar a nossa mão ganha uma matéria de capa, sacou? Primeiro passo: Levar os caras para jantar – "Vou querer a lagosta, muito obrigado". Passo dois: Leve-os ao show de graça. Passo três: "Então, eu tenho uma sobrinha; quero que ela tenha um carro, um Mustang", "Feito!". Você está na capa da *Nirv-racker*. A revista sem escrúpulos... vamos lá.

KLÜSENER: Com que nível de seriedade vocês tratam esses clichês e padrões do negócio e as funções das pessoas?

NOVOSELIC: Ah, imagine, por exemplo, a indústria da luta livre: como a WWF, World Whatever Federation Wrestling,[3] onde temos o Hulk Hogan e o Roddy Piper

3 [N.T.]: Referência à World Wrestling Entertainment (WWE), empresa estadunidense que organiza eventos de luta livre. Até 2002, era chamada de World Wrestling Federation (WWF).

e... Imagine todos os políticos indo lá. "Ele vai ganhar esta partida, mas, veja só, ele precisa perder esta partida", e "Eles vão aparecer neste programa de TV". É tipo, nossa, todo o drama, todos os egos, personalidades... World Federation Wrestling – é tipo, me tire daqui.

KLÜSENER: Pois é. Voltando ao disco: é apenas incidental que a introdução de "Rape Me" se parece com uma parte de *Nevermind*?

NOVOSELIC: Que parte de *Nevermind*? Fala sério!

GROHL: "Smells Like Teen Spirit". Eu entendi a pergunta!

KLÜSENER: Só estou tentando me lembrar disso.

GROHL: Bem... sim!

NOVOSELIC: Qual é o grande sucesso do segundo disco do Knack?

COBAIN: Essa é uma piada interna óbvia.

NOVOSELIC: Se você tocar a música que fez sucesso no segundo disco do Knack, soa como "My Sharona".

GROHL: É sério? Caralho!

NOVOSELIC: Então, foi isso que fizemos. Eu recomendo tocar *In Utero* de trás para frente e... Ops, deixei escapar essa! Nossa, eu não deveria ter dito isso! Já tem muita coisa do tipo "Kurt está morto", sabe? É satanismo do pior tipo – altares, virgens...

COBAIN: Agora, umas mães brancas do subúrbio vão nos processar, depois de passarem anos espancando e negligenciando seus filhos, só porque eles se mataram! E vão nos culpar!

NOVOSELIC: Isso mesmo!

GROHL: Vão dar um tiro na cara e ficar parecendo com...

NOVOSELIC: "Eu criei meu filho como um bom cristão... o que aconteceu?"

COBAIN: "Eu surrava o couro dele todo dia, era para ter se tornado um bom garoto. Se não fosse aquele disco..." [*Risos*]

KLÜSENER: Mas, até agora, nenhum jovem cometeu suicídio escutando Nirvana.

COBAIN: Ainda há esperança!

NOVOSELIC: Eles estão cometendo suicídio *social*.

KLÜSENER: É um negócio tão tipicamente americano. Você não vê isso na Europa ou na Alemanha.

NOVOSELIC: Bem, isso é... Sei lá. Há muitos sintomas por aí, como jovens se matando ou entrando no McDonald's e dando tiro em todo mundo.

COBAIN: Mas sempre estão matando pessoas que não merecem, sabe? Se você vai matar um bando de gente, por que não assassina alguém que merece?

NOVOSELIC: Eles não fazem isso, não exibem isso como se fosse um sintoma. Eles apenas dizem que há um problema, "ato aleatório de violência". Mas talvez isso seja um sintoma do tipo de país em que vivemos e dos valores das pessoas, entende? Eu digo que estão todos fodidos! Eu respondo essa pergunta, primeiramente, dizendo que todo mundo está fodido, se você quer saber minha opinião, e por que não partimos daí? Todos estamos fodidos. Então, bem, estabelecemos isso, algum critério. Como uma base para iniciarmos. Talvez estejamos...

COBAIN: E como que estão fodidos?

NOVOSELIC: Como estão fodidos? Bem, não quero pensar nisso, porque isso exigiria um esforço, entende?

COBAIN: Mas então, se eu desperdiçar meu tempo pensando nisso e criarmos algum tipo de diálogo baseado nisso por algum tempo, aí apenas voltaremos à conclusão de que todo mundo está fodido.

NOVOSELIC: Todo mundo está fodido, e você sabe. Então você precisa começar a fumar, viver uma vida cheia de lazer, bombardear alguns países de terceiro mundo, entrar no McDonald's e em shopping centers com armas automáticas amplamente disponíveis...

COBAIN: Ei, se a vida ficar difícil demais, apenas compre uma AK-47 e entre no McDonald's. Você vai se sentir melhor.

NOVOSELIC: Sim. Porque você odeia segunda-feira. Qual é o seu dia favorito da semana?

KLÜSENER: Perdão?

NOVOSELIC: Qual é o seu dia favorito da semana?

KLÜSENER: Acho que a quarta-feira.

NOVOSELIC: Quarta-feira?

KLÜSENER: Sim.

NOVOSELIC: Porque está no meio da semana? O meu é sexta-feira, cara! TGIF! *Thank God it's Friday* ["Graças a Deus é Sexta-feira"]!

COBAIN: Boa.

NOVOSELIC: Ou domingo, porque é o sabá, o dia do Senhor. Entretanto, se você for adventista do sétimo dia, seu sabá é no sábado – e eles não comem carne, a propósito, e eles parecem ser simpáticos. Eu não sei se eles levam essas coisas muito a sério, então, se eu fosse seguir algum tipo de dogma cristão, talvez eu seria um adventista do sétimo dia.

COBAIN: Eu seria Testemunha de Jeová.

NOVOSELIC: Você seria uma testemunha da mendicância! Kurt andando por aí, tentando vender cópias de *A Sentinela*. Testemunha Mendiga!

COBAIN: Eu seria um burrórmon, um mórmon!

KLÜSENER: A propósito, quem é a Frances Farmer que vai se vingar de Seattle?

COBAIN: O quê? O que você quer saber?

NOVOSELIC: Qual era a religião dela? [*Risos*] É, provavelmente batista.

COBAIN: Você deveria ler *Dreamland* [*Frances Farmer: Shadowland*, de William Arnold], escrito por um repórter do PI [*Seattle Post-Intelligencer*] sobre ela. É muito bom. Você conhece a história dela, né? Era uma atriz, meio boca-suja...

NOVOSELIC: Qual é aquele poema que ela escreveu?

COBAIN: Ela odiava toda a cena Hollywood, e ela expressava seu ódio por eles publicamente. Também, quando ela tinha... acho que uns 15 anos, ela participou de um concurso de redações enquanto morava aqui em Seattle, usando o título "God is Dead" ["Deus Está Morto"],[4] e muitas pessoas a acusaram de ser comunista. Aí ela foi para Nova York e participou de uma companhia de teatro, que supostamente também tinha ligação com o comunismo. Aí teve uma grande conspiração envolvendo um juiz – um juiz bem conhecido e importante aqui em Seattle – e um monte de outras pessoas envolvidas com Hollywood,

4 Na verdade, o título da redação de Farmer era "God Dies" ["Deus Morre"].

e basicamente armaram para ela e acabaram com a vida dela. Tiraram algumas fotos dela quando foi presa por dirigir embriagada, e foi um escândalo enorme. Levaram-na a um hospital psiquiátrico, fizeram uma lobotomia nela, a estupraram todo dia por anos, abusaram totalmente dela, aí ela acabou trabalhando em um restaurante Four Seasons e morreu sozinha. Ainda tem...

NOVOSELIC: Foi em Bainbridge Island. Foi lá que internaram ela. Era uma enfermaria velha e detonada.

COBAIN: Por anos, toda noite, tinha zeladores, amigos e pessoas – que trabalhavam lá – esperando na fila para estuprar ela. Ela passou por muita coisa. E sinto nojo de saber que algumas das pessoas que faziam parte dessa conspiração estão morando aqui, em Seattle, em suas casas confortáveis e aconchegantes, com suas famílias. Já faz uns 20, uns 40 anos, mas me dá vontade de matá-los.

NOVOSELIC: Ele é um Deus correto, não justo. É isso que os cristãos dizem. "Deus! Por que Auschwitz aconteceu?" "Bem, sou um Deus correto, não justo." "Ah, tudo bem então." Sabe?

KLÜSENER: Sei.

NOVOSELIC: "Por que Lon Mabon existe?" "Pergunte ao São Paulo, ele pode te explicar. Ele escreveu um livro chamado Bíblia." "Eu sou o judeu que escreveu a Bíblia."

KLÜSENER: Vocês já têm a turnê planejada?

COBAIN: Não na Europa. Só nos EUA. Vamos fazer uma turnê de cada vez. Quero dizer, certamente queremos e planejamos ir à Europa, Japão, Austrália...

NOVOSELIC: Provavelmente iremos à Europa no começo de janeiro ou algo assim.

KLÜSENER: As turnês devem ter mudado muito para vocês, pois agora têm que lidar com esses equipamentos enormes. Quero dizer, quando vocês tocam em lugares grandes e não tem muitas pessoas na equipe, nem a organização necessária...

NOVOSELIC: Sim, costumávamos dirigir com apenas três caras numa van, com todo nosso equipamento.

COBAIN: Mas, sabe, comparando isso a muitas outras bandas que estão no nosso nível, só temos alguns roadies, umas pessoas, um gerente de turnê e um funcionário que o ajuda. Muitas bandas que são maiores que nós, ou têm o mesmo tamanho que nós, têm 50 pessoas na estrada com eles. É uma coisa enorme e confusa que acontece. Ainda somos bem pé-no-chão quanto a isso, e muitas vezes sofremos por conta disso, porque não damos conta das coisas, mas... é isso.

NOVOSELIC: Economizamos muito dinheiro. [*Risos*]

COBAIN: É mais divertido e mais simples desse jeito.

KLÜSENER: Kurt, o fato de ter uma família mudou sua atitude com a música?

COBAIN: Não com a música.

KLÜSENER: Mas com a vida, somada à música?

COBAIN: Eu diria que sou muito mais otimista [*indica uma quantidade pequena com os dedos*]. Quero dizer, eu gosto de ter uma família. É divertido. É ótimo. Mas ainda sinto raiva de muitas outras coisas na vida, então isso não me impede de sentir raiva na música. Não nos mudou muito.

KLÜSENER: Às vezes você compõe músicas com sua esposa?

COBAIN: O quê?

KLÜSENER: Às vezes você compõe músicas com sua esposa, ou cria coisas com ela?

COBAIN: Às vezes. Geralmente, nós... Eu não diria que é bem uma composição, nós apenas fazemos jams, tocamos juntos.

KLÜSENER: Eu acho que "Royal Penny Tea"...

COBAIN: "Pennyroyal Tea"? Sim, bem, eles [o Hole] fazem uma cover dessa música. A maior parte da música é minha, sabe? Mas nós a tocamos juntos e eles querem gravar uma versão dela.

KLÜSENER: Ok, vou encerrar por aqui. Muito obrigado! Quantas outras [entrevistas] vocês precisam fazer hoje?

COBAIN: Não sei.

A ÚLTIMA ENTREVISTA

ENTREVISTA REALIZADA POR CHUCK CRISAFULLI

Revista *Fender Frontline*

11 de fevereiro de 1994

CHUCK CRISAFULLI: O Nirvana se tornou uma "Grande História do Rock", mas a música ainda parece ser a parte mais importante dessa história. Sua música oferece o prazer simples e poderoso do rock que muitas outras bandas parecem ter dificuldade em criar. Quanto orgulho você tem da obra do Nirvana?

KURT COBAIN: Isso é interessante porque, apesar de ser um tanto gratificante saber que há pessoas comprando nossos discos e indo aos nossos shows, nada disso se compara a simplesmente ouvir uma música que eu compus tocada por uma banda. Não estou falando da rádio ou da MTV. Simplesmente gosto muito de tocar essas músicas com um bom baterista e um bom baixista. Além da minha esposa e da minha filha, não há nada que me traga mais prazer que isso.

Fico extremamente orgulhoso do que conquistamos juntos. No entanto, não sei por quanto tempo podemos continuar sendo o Nirvana sem uma mudança de direção radical. Eu tenho muitas ideias e ambições musicais que não têm nada a ver com esse conceito massificado de "grunge" que foi enfiado na goela das pessoas que compram discos nos últimos anos. Ainda veremos se conseguirei fazer tudo o que eu quero com o Nirvana. Sendo bem justo, eu sei que tanto Krist quanto Dave têm ideias musicais que podem não funcionar bem no contexto do Nirvana. Todos nós estamos cansados de sermos rotulados. Você não tem ideia do quão sufocante é isso.

CRISAFULLI: Você deixou claro que não está exatamente confortável sendo um "Rock Star", mas uma das coisas que faixas como "Heart-Shaped Box" e "Pennyroyal Tea", do *In Utero*, deixam claro é que você certamente tem um dom para compor. Você pode ter dificuldade, às vezes, mas o processo de composição continua sendo prazeroso e satisfatório para você?

COBAIN: Eu acho que se torna menos prazeroso quando penso nisso como meu "trabalho". Compor é a única parte que não é um trabalho, é uma expressão. Ensaios fotográficos, entrevistas... isso sim é um trabalho.

CRISAFULLI: Você se apresenta com muita energia. Você percebe que está sentindo novamente a ternura e a raiva de suas músicas quando toca?

COBAIN: Isso é difícil, porque a verdadeira essência de qualquer ternura ou raiva se esgota assim que a música é composta. De certa forma, estou apenas recriando a pureza daquela emoção, toda vez que toco

Compor é a única parte
que não é um trabalho,
é uma expressão.
Ensaios fotográficos,
entrevistas... isso sim é
um trabalho.

aquela música. Com a experiência, fica mais fácil de invocar aquelas emoções, mas é meio desonesto, porque você nunca consegue resgatar a emoção de uma música por completo toda vez que a toca. A "performance" de verdade implica uma forma de atuação que eu sempre tentei evitar.

CRISAFULLI: Hoje em dia, tocar em arenas esportivas deve ser muito esquisito para o Nirvana. Como você se relaciona com o público que vocês estão atraindo agora?

COBAIN: Muito melhor do que antes. Quando começamos a fazer sucesso, eu ficava julgando as pessoas da plateia. Eu as nivelava de acordo com alguma ética punk rock. Eu ficava chateado de ver que estávamos atraindo e entretendo exatamente as pessoas contra quem eu reagia na minha música. Mas eu melhorei muito nessa questão de aceitar as pessoas pelo que são. Independentemente de quem eram antes de ir ao show, eu tenho algumas horas para tentar subverter a visão de mundo delas. Não é como se eu tentasse ditar algo, é que eu tenho essa plataforma à minha disposição, e posso expressar minhas opiniões nela. Pelo menos, eu sempre tenho a última palavra.

CRISAFULLI: Também tem muita técnica nas suas músicas, mas você parece gostar do prazer de simplesmente aumentar o volume de uma guitarra. Tocar guitarra é algo divertido para você, ou você trava uma batalha com o instrumento?

COBAIN: A batalha é o prazer. Eu sou o anti-*guitar-hero* – eu mal consigo tocar esse negócio. Sou o primeiro a admitir que não sou virtuoso. Não consigo tocar como Segovia. Mas, por outro lado, Segovia provavelmente nunca conseguiria tocar como eu.

CRISAFULLI: Com Pat Smear tocando guitarra nos shows, a sua abordagem com o instrumento mudou muito? É mais fácil aproveitar as apresentações com um par de mãos a mais te ajudando?

COBAIN: Pat tem sido ótimo, desde o primeiro dia. Além de ser um dos meus amigos mais próximos, Pat achou um nicho bom na nossa música, complementando o que já estava lá, sem forçar alguma mudança grande. Eu não vejo a possibilidade de me tornar um Mick Jagger, mas ter o Pat no palco me liberou para passar mais tempo me concentrando no meu vínculo com a plateia. Eu fiquei mais *showman* – bem, talvez nem tanto. Digamos que ter o Pat segurando o ritmo me ajuda a me concentrar na performance como um todo. Eu acho que melhorou nosso show 100%.

CRISAFULLI: No *In Utero* e nos shows, você toca alguns dos "anti-solos" mais poderosos já extraídos de uma guitarra. O que vem à sua mente quando chega a hora de ir com tudo na guitarra?

COBAIN: Menos do que você possa imaginar.

CRISAFULLI: Krist e Dave fazem um ótimo trabalho de ajudar suas músicas a ganhar vida. Como você descreve o papel de cada integrante, incluindo você, no som do Nirvana?

COBAIN: Eu posso mexer muito nos canais do meu amplificador, mas é Dave que realmente traz o elemento físico à dinâmica das nossas músicas. Krist é ótimo para manter tudo constante e firme nos trilhos. Eu sou apenas o cantor de folk no meio.

CRISAFULLI: Além das entrevistas, quais são as coisas mais chatas para você, atualmente?

COBAIN: Passar meses longe da minha família. Pessoas me dando comida francesa chique, quando tudo o que eu quero é *macaroni and cheese*. Ser visto como inacessível, quando costumavam me chamar de tímido. Já falei das entrevistas?

CRISAFULLI: O *Nevermind* mudou sua vida de forma significativa, mas ter Courtney e Frances por perto deve ajudar a manter as coisas em perspectiva. O quanto você gosta de ser um homem de família?

COBAIN: É mais importante que qualquer outra coisa no mundo. Tocar música é o que eu faço; minha família é o que eu sou. Quando todo mundo tiver esquecido do Nirvana e eu estiver em alguma turnê de *revival* abrindo para os Temptations e os Four Tops, Frances Bean ainda será minha filha e Courtney ainda será minha esposa. Isso significa mais que qualquer coisa para mim.

KURT COBAIN nasceu em 20 de fevereiro de 1967, em Aberdeen, Washington. Ele fundou sua banda, Nirvana, em 1988, com Chad Channing (bateria) e Krist Novoselic (baixo); Channing foi substituído por Dave Grohl em 1990. O segundo disco da banda, *Nevermind*, foi lançado em 24 de setembro de 1991; tornou-se um clássico instantâneo e lançou Cobain e sua banda à estratosfera do estrelato pop. Com sua voz furiosa, sua guitarra de serra elétrica e suas letras inesperadamente poéticas, Cobain criou o modelo do que seria conhecido como música "grunge" e tornou-se o maior ícone da Geração X. Cobain se casou com Courtney Love, vocalista e guitarrista do Hole, em fevereiro de 1992. O nascimento de sua filha, Frances Bean Cobain, aconteceu em agosto do mesmo ano. Ele morreu em 5 de abril de 1994. Cobain e o Nirvana entraram no Rock and Roll Hall of Fame em abril de 2014, logo o primeiro ano em que ficaram elegíveis.

CHUCK CRISAFULLI teve textos publicados nas revistas *Rolling Stone*, *Billboard* e *Interview*. Ele grava músicas e se apresenta ao vivo com o nome Charlie Christmas.

ERICA EHM escreve, faz podcasts e atua como consultora de mídia em Ontário, Canadá. Ela recebeu diversos prêmios por seu jornalismo e sua criação de conteúdo.

EDGAR KLÜSENER, PHD, é um palestrante de história e música no Bimm Institute, em Manchester, no Reino Unido. Ele é autor do livro *Representing Iran in East Germany: Ideology and the media in the German Democratic Republic* (2020).

DANA SPIOTTA é autora de cinco romances: *Wayward* (2021), *Innocents and Others* (2016), vencedor do St. Francis College Literary Prize e finalista no Book Prize do *Los Angeles Times*; *Stone Arabia* (2011), que foi finalista do National Book Critics Circle Award; *Eat the Document* (2006), que foi finalista do National Book Award e vencedor do American Academy's Rosenthal Foundation Award, e *Lightning Field* (2001), selecionado como um New York Times Notable Book. Outros prêmios incluem um Guggenheim Fellowship, um New York Foundation for the Arts Fellowship, o Rome Prize in Literature, o Premio Pivano, um Creative Capital Award e o John Updike Prize, da American Academy of Arts and Letters.

JON SAVAGE é jornalista e crítico musical. É autor de *England's Dreaming: Sex Pistols*, *Teenage: The Creation of Youth 1875-1945* e *Punk Rock*.

Este livro foi composto em Caecilia e impresso em papel offset 90 g pela gráfica Pallotti em janeiro de 2024.

"MESMO QUE QUISÉSSEMOS SER
POLITICAMENTE CORRETOS, NÃO
CONSEGUIRÍAMOS, PORQUE SOMOS
BURROS DEMAIS. ÉRAMOS UM BANDO DE
MACONHEIROS NO ENSINO MÉDIO."

NÃO HÁ NADA COMO FICAR PRESO NO
PASSADO QUANDO TUDO NO FUTURO ESTÁ
OLHANDO PARA TRÁS. ISSO ACONTECE COM
ODAS AS ARTES. QUANDO ESTÃO COM MEDO
O QUE ESTÁ ADIANTE, SEMPRE OLHAM
ARA TRÁS. CHEGAM A UM CERTO PATAMAR
ACHAM QUE TUDO JÁ FOI FEITO, MAS, NA
ERDADE, APENAS NÃO ESTÃO PENSANDO
SUFICIENTE. SÓ ESTÃO ESTAGNADOS. NO
NTANTO, SE TODO MUNDO DESISTIR, É AÍ
UE AS COISAS COMEÇAM A MORRER."

"UM ANO ATRÁS, EU DISSE Q
DE EU FALAR EM PÚBLICO
QUESTÃO DE NUNCA MOSTRA
DECIDI QUE NÃO DEIXARIA
MALIGNOS MANDAREM NA

"ALGUÉM ESCREVEU UM ART
'LYNYRD SKYNYRD SEM AS CA
ENGRAÇADO – BEM LONGE DA RE

"MEU PAI É INCAPAZ DE MOST
CONVERSAR. EU NÃO QUERIA T
SÓ PORQUE É MEU PARENTE CON